电网企业基层管理人员
基于情景案例的核心能力提升培训教材

王蓉蓉◎主 编

编委会

主 任：刘永明

副主任：郑 伟 关晓明

编写组

主 编：王蓉蓉

副主编：徐 方 苏 桦

成 员：牧 晶 杨 萌 李素环 张晓宇

　　　　焦 洁 侯宇馨 史馨菊 魏永和

（排名不分前后）

浙江工商大学出版社
ZHEJIANG GONGSHANG UNIVERSITY PRESS

·杭州·

图书在版编目(CIP)数据

电网企业基层管理人员基于情景案例的核心能力提升
培训教材 / 王蓉蓉主编. -- 杭州：浙江工商大学出版
社，2019.12
　　ISBN 978-7-5178-3631-5

　　Ⅰ．①电… Ⅱ．①王… Ⅲ．①电力工业－工业企业管
理－职工培训－教材 Ⅳ．① F407.616.15

　　中国版本图书馆 CIP 数据核字 (2019) 第 280723 号

电网企业基层管理人员基于情景案例的核心能力提升培训教材
DIANWANG QIYE JICENG GUANLI RENYUAN JIYU QINGJING
ANLI DE HEXIN NENGLI TISHENG PEIXUN JIAOCAI
王蓉蓉 主编

责任编辑	杨　戈	
封面设计	雪　青	
责任印制	包建辉	
出版发行	浙江工商大学出版社	
	（杭州市教工路 198 号　邮政编码 310012）	
	（E-mail：zjgsupress@163.com）	
	（网址：http://www.zjgsupress.com）	
	电话：0571-88904980，88831806（传真）	
排　　版	杭州彩地电脑图文有限公司	
印　　刷	杭州高腾印务有限公司	
开　　本	787mm×1092mm　1/16	
印　　张	10.5	
字　　数	196 千	
版 印 次	2019 年 12 月第 1 版　2019 年 12 月第 1 次印刷	
书　　号	ISBN 978-7-5178-3631-5	
定　　价	28.00 元	

前 言
Preface

电网企业快速地持续化发展，离不开企业员工能力素质的提升与完善，有效的培训与学习是能力素质提升的重要途径。既有针对性又有实效性的培训教材，无疑对能力素养的提升、打破培训瓶颈有着更为深远的意义。在培训实践中，由于电网企业基层管理工作有其一定的特殊性和复杂性，在市面上较难找到适合基层管理人员能力素质提升的现成的培训教材。

情景案例是能力素质培训的最佳工具之一。在培训前，设计情景案例可以引发学员思考，在培训中针对情景案例展开研讨，能充分调动学员的主动性，有助于培养创新的意识和提高解决问题的能力。基于此，我们在不断总结案例教学的基础上，以能力素质提升为落脚点，将电网企业基层管理人员的核心能力提升作为教材的主线，并将情景案例贯穿教材始终，提纲挈领，突出重点，以有效提高培训效果和质量，满足员工能力素质的不断提升、企业持续向前发展的需要。

本教材的新颖独特之处具体体现在以下三个方面：

1. 教材以能力素质提升为目标导向。本教材的编写没有运用传统知识罗列的形式，而是围绕电网企业基层管理人员应具备的核心能力要素，确定相关的情景案例和知识点，使教材直接服务于能力素质提升目标，定位清晰明了。

2. 教材采用模块化的设计结构。即以电网企业基层管理人员核心能力要素为基础，将教材内容归结为领导管理能力提升篇、安全管理能力提升篇、应用写作能力提升篇三大模块，三个模块自成体系，独立成篇。读者可根据自身的学习需要，快速学习掌握相关内容。

3. 教材采用情景案例和知识阐述相结合的编写体例。情景案例和知识阐述的编写注重有机融合，贴近工作实际，突出实用性，增强可读性。情景案例的生动呈现，有效避免了知识学习的枯燥乏味，使读者能读得进、读得懂、用得上。

本教材在编写的过程中，承蒙清华科技园教育培训中心、浙江工商大学出版社的鼎力支持和帮助，也参阅了大量的专家、学者的相关书籍和文献资料。在此，谨向清华科技园教育培训中心、浙江工商大学出版社以及相关书籍文献的作者表示真挚的感谢！

　　由于编写时间仓促，加之水平有限，书中难免有许多不足之处，敬请读者朋友们谅解，也恳请读者朋友们提出宝贵的意见和建议，以便我们以后修订时加以改正。

编　者

2019年8月

目 录
Contents

上 篇 领导管理能力提升

第一部分 领导力 ·· 2

  第一讲 认知领导力 ·· 3

  第二讲 用愿景和信念鼓舞力量 ······················· 9

  第三讲 领导者的察人驭人之道 ······················· 16

  第四讲 处理危机能力修炼 ······························· 25

第二部分 团队管理能力 ·· 34

  第一讲 认知团队 ··· 35

  第二讲 个人责任 ··· 44

  第三讲 团队冲突 ··· 47

  第四讲 团队激励 ··· 51

第三部分 沟通与协调能力 ······································ 56

  第一讲 认知沟通 ··· 57

  第二讲 人际沟通风格 ·· 62

第三讲　工作类型识别 ···················· 68

第四讲　沟通协调工作 ···················· 71

中　篇　安全管理能力提升

第一部分　认知安全管理 ···················· 78

第一讲　安全领导与安全管理 ···················· 79

第二讲　事故概述 ···················· 84

第二部分　安全管理行为 ···················· 89

第一讲　安全教育 ···················· 90

第二讲　安全激励 ···················· 95

第三部分　风险管理能力 ···················· 101

第一讲　认知风险 ···················· 102

第二讲　风险识别与评估 ···················· 105

第三讲　风险应对规划 ···················· 112

下　篇　应用写作能力提升

第一部分　公文写作 ···················· 118

第一讲　通知的写作 ···················· 119

第二讲　会议纪要写作 ···················· 122

第三讲　通报的写作 ···················· 126

第二部分　事务文书写作 ·· 129

第一讲　写好领导讲话稿 ·· 130

第二讲　写好工作汇报 ··· 136

第三讲　信息的写作 ··· 142

第三部分　如何提升应用文写作能力 ······························ 146

第一讲　应用写作要有良好的心态 ·· 146

第二讲　初学者如何快速上手 ··· 148

第三讲　公文写作常见问题及改进方法 ····································· 150

附　录 ··· 153

参考文献 ·· 158

上 篇 | 领导管理能力提升

第一部分　领导力

☞ **培训目标**

◆ **知识目标**

　　1.了解领导与管理的区别；

　　2.了解建立愿景和坚持信念对于领导者的重要作用；

　　3.了解企业员工发展的不同阶段；

　　4.了解处理企业危机的理念与原则。

◆ **能力目标**

　　1.掌握不同阶段员工发展的不同管理策略；

　　2.掌握处理企业危机的基本方法。

第一讲　认知领导力

情景案例

Z公司是西南地区某省的一个地级市公司。李想，不到四十岁，曾在某市级公司担任运检部主任，因近几年工作成绩突出，被调任Z公司副总经理，主管生产。

李想踌躇满志地准备去Z公司履职，临行前他的一位老领导来送行。老领导语重心长地告诉李想，从以前单纯地管理一个部门，到以后需要去领导整个公司，这对李想来说无疑是一次非常重要的职务升迁。开始跨部门管理多项业务，开始担起盈亏责任。这一转变无疑让人兴奋和期待，但也可能会使他饱受艰难和挫折。

老领导的这一番话让李想陷入了沉思。

知识进阶

提起管理和领导，可能很多人都认为，这两者之间很难区分。领导离不开管理；同样，管理也离不开领导。领导者就是管理者，而管理者也就是领导者。其实，领导与管理是两回事，两者有很多的不同之处。管理大师杰克·韦尔奇有一句名言："多一点领导，少一点管理。"现如今我们身处的这个时代，管理者太多而领导者太少，究其原因就是太多的领导者仅仅把自己当成管理者，而忽略了自己是引领组织前进的领袖、影响组织行动的导师。

一、领导和管理的区别

在日常工作中，管理者每天都在进行领导和管理的行为。但什么是"领导"？什么是"管理"？这两者之间又有什么区别呢？

管理是掌管、控制组织的内部活动。因此，管理的范畴应该是向内的，聚焦于组织内部，管理者只有把内部看清楚了，才能有效地操控。

领导是引领方向，带领组织到达某一个地方。领导者的眼界应该是向外的，延伸到组织外部，只有目光远大，才能指引方向。

再者，管理和领导都是动词。我们从狭义的动作对象来考虑，同样可以对管理和领导做出区分。

管理的行为可以单独存在，而领导这个行为只要出现，就必须有"作用"的对象——人。没有人，就无法领导。所以，从狭义的角度理解，领导是对他人或团队施加影响的一种行为，这种影响包括很多方面。

人不应该被管理，但可以被领导。在现实中，有多少人喜欢被他人管理？少之又少。而管理者的头脑里又在想什么——我要如何管好人？这就陷入了矛盾：己所不欲，勿施于人。既然我们自己不喜欢被别人管理，管理者为什么想去管理他人呢？其实，当管理者在开展工作时，不应认为是在管理员工，而应是设法让员工发挥作用。美国领导力演讲大师约翰·麦克斯韦尔说："人们不想被管理，他们要的是领导。领导者指引人们，而不是管束人们。"

二、领导与管理之间的平衡

管理者在工作中要兼顾管理和领导这两项工作，而且还要做到"两手抓，两手都要硬"。管理工作和领导工作必须并重，要像高空漫步一样保持平衡，偏重任何一项而忽视另一项都会产生致命的问题。

如果管理过度而领导不力，就会导致：

●非常强调短期的行为，而忽视长期的发展；

●过分注重专业化，而忽视整体的平衡；

●过分侧重抑制、控制和预见性，而使员工失去创造性。

总之，过分强调管理而忽视领导的组织往往都缺乏创新精神，很难对市场竞争中出现的重大变化进行处理和应对，其衰退是必然的结果。

如果领导有力而管理不善，则会出现：

●强调长期的远景目标，而不重视近期的计划和预算；

●形成一个群体文化，不分专业，缺乏系统性和规则；

●将不愿用制度和方法来解决问题的人集合在一起，最终导致情况失控，甚至一发而不可收拾。

领导和管理的关系，就像是"马车"中"马"和"车"的关系。领导是"马"，提供动力并引导方向；管理是"车"，车的设计与构造，以及与马的匹配等，是管理的作用。只有合理匹配"马"和"车"，才能发挥出"马车"的最大效用。

　　管理和领导的道理，简单理解也可以用"方圆之道"来解释。在管理事、领导人时，什么时候该用"圆"思维？什么时候用"方"思维呢？

　　毫无疑问，管理用"方"思维，领导用"圆"思维。

　　管理用"方"思维。管理的对象既然是事，那么在做事情的时候就必须设规矩、定原则和定流程等，正所谓"没有规矩，不成方圆"。所以，管理遵循的是"标准化"。标准化的结果就要分"是非对错"，而对错的依据就是"标准"。符合标准为对，不符合标准为错。组织内的标准只能有一个，如果标准不止一个，人们在遵从的时候便会无所适从。

　　领导用"圆"思维。领导的对象是人，而人是没有标准的。"世界上没有完全相同的两片树叶"，连树叶都不相同，更何况人呢！每个人都拥有自己独一无二的特征，并且即使是同一个人，在不同情景下，他的表现也不尽相同。既然人是如此充满不确定性和多样性，管理者在领导人的时候也应做到灵活，因人而异及因变而变。所以，领导力没有放之四海而皆准的定律、原则，有的只是理念，没有绝对的是非对错之分，没有标准化的领导行为，只有是否合理的结论。如果领导行为是恰当的，便是好的；如果不恰当，便存在相应的问题。

　　现实中，怎么运用管理和领导的思路？

　　如果员工好心却办坏了事，应该被奖励还是处罚呢？这个问题需要从管理和领导两个维度来考虑。不管员工的动机如何，管理考量的是事件和结果，要有是非对错之分。他办错了事，管理者应按制度标准来评判，该怎么处罚就怎么处罚，该处罚到什么程度就到什么程度，这没有疑问。如果其出发点是好的，却被处罚了，毫无疑问会打击员工的积极性，并且也会影响其他人对付出"好心"的看法和感受。这时候就要针对人的问题从领导力的角度来分析——这样的处罚合不合理？这样分析、处理问题恰当吗？显然又不是。人的动机和善念应该得到更好的保护和激发，而不是打压。所以，管理者应该保护甚至奖励这种好心办坏事的员工。也就是说，对于这样的问题，如果单纯地从事的角度或人的角度出发，都不能得到最好的结果，应该将人和事并重，将结果和态度分别放在不同的"篮子"里来处理。

　　如果员工确实办了错事，管理者了解后很生气，请问可不可以发脾气？其实，这个问题是基本的"领导力"问题。发不发脾气，这不是对事，而是对人的问题。因为发脾气的作用对象必然是人而不是事，管理者不可能对着一堆问题或错误发脾气，只能对着"肇事者"本人来宣泄。既然是涉及领导力的问题，管理者就要明白，这个时候需要用"圆"思维来思考，答案肯定不是带有对错观的标准化答案。所以，无论是回答"可以"还是"不可以"都是不恰当的，而要看情况。领导力的答案从来都不是那么简单的，因为人是不断变化的，而人所处的情景也是不一样的。即便回答能不能发脾气这个基本问题，最起码也要考虑四个要素，否则答案就不会恰当。这四个要素分别是When、Where、What和Who。综合来讲，关于领导力的回答基本要从上述四个方面考虑：不同的时机、不同的场合、不同的事件和不同的对象，不能一概而论。所以，对于领导力的问题没有标准答案！

三、管理要简化，领导要丰富化

对于管理者来说，管理要尽量简化，因为管理的错误和管理的环节成平方关系。如果管理环节只有1个，出错的概率就是1%；如果管理的环节再增加1个，变成2个，出错的概率不是2%，而成了2的平方，也就是4%；如果管理的环节再增加3个，变成5个，出错的概率就成了25%……总之，管理环节越多，管理系统越复杂，出错的概率也就越高。所以，在管理上秉持的宗旨是减少管理环节，压缩管理流程，简化管理系统。

领导力要不要也简化呢？正好相反，在领导力的领域，非但不能简化，而且要尽可能丰富化。因为领导力是门艺术，无论是从广义还是狭义的角度看，其面对的都是不确定的人，因而其内涵越丰富越好，其手法越丰富越好。其具体体现就是管理者在领导人的时候，不能用同一种方法或方式对待所有人，必须做到"因人而异"。

对于领导者而言，有两个重要的带队伍评价指标。

第一，你带得了什么样的队伍。

第二，你能把队伍带成什么样。

第一个问题是评判领导能力的。能力有范围，是坐标中的横轴。你带的队伍类型越宽泛、越复杂，说明你的领导能力越强。第二个问题是评判领导水平的。水平有高低，是坐标中的纵轴，你能把队伍带到什么样的高度，说明你的领导水平有多高。

能让优秀的队伍做出优秀的业绩，从严格意义上说，不能算领导者有水平；真正出色的领导者，能让平凡的队伍做出不平凡的业绩，这才是领导力的体现。

四、卓越领导力的养成

领导力并非是某些人与生俱来的专利，而是任何人都能够拥有的，是让自己和他们发挥最大潜能的一种手段。只要挖掘潜能，每个人都能成为一个成功的领导者。这是詹姆斯·库泽斯和巴里·波斯纳对领导力的一种评价。只要你愿意挖掘自己的潜力，你的领导力就会得到质的飞跃。

温室可以养出娇艳的花朵，但种不出参天大树。同样地，一帆风顺并不能培养人的能力，巨大的困难造就伟大的品质，催生不同凡响的力量。领导者只有经历了"熔炉"的历练，才能攀上巅峰。领导者经历的各种历练，让他们发现新的自我，掌握新的技能，突破了曾经的束缚，从过去解放出来。

杜鲁门带着可乐瓶底一样的厚眼镜，很多人认为他缺乏男人气，他自己也这样认为。三十三岁时他参加"一战"，在孚白山战役带领炮兵连经历了生死考验。在该战役中他的连队遭到了伏击，战士们惊恐万状，不少人现场逃遁；而他却跃出战壕，站在炮火中镇定地指挥逃兵回去战斗，宛如"战神"降临。他的手下被其壮举震撼，转而镇定下来，和德军进行了一场殊死战斗。这位在面临死亡的巨大威胁时仍然拒绝后退的人，成了团队里真正的领导者。由此，他带领这些人度过了那个最恐怖的夜晚，许多人因为他才能够最终安全回家，后来这些人终生都忠诚于他。

在逐步成为领导者的过程中，领导力的磨练是不可或缺的。并且，真正的领导地位往往形成于某个重大事件之后，我们称这些事件为"关键事件"，而诞生这些事件的时刻，就是"领导力时刻"。在这些情景下，谁表现出非凡的带领团队战胜困难的能力和素质，谁就成了真正的领导者。

要点提示

1. 领导是引领方向，带领组织到达某一个地方；
2. 管理用"方"思维，领导用"圆"思维；
3. 管理要简化，领导要丰富化；
4. 只要愿意挖掘自己的潜力，领导力就会得到质的飞跃。

案例分析

正像情景案例中，老领导告诉李想的那样：从以前只是单纯地管理一个部门，到需要领导整个公司，对他来说是一次非常重要的职务升迁，但同时也是一次巨大的转变，这一转变也许会令他饱受艰难和挫败。李想要想从部门管理者的角色转变为优秀的企业领导者，必须在管理重心、领导核心和技能方面做出调整，我们可以把这一过程总结为以下四个方面的转变。

一是从专才到通才。要想具备领导公司的能力，李想需要从专才变为通才，也就是需要对他所分管的每个职能部门都有足够的了解，知晓各职能部门独特的管理氛围、思维模式和语言系统。作为主管生产的副总经理，李想要了解他所分管的包括运检、营销、建设等这些部门解决业务问题的不同方式，以及他们所使用的不同的管理工具，还要通晓他们的沟通语言，并在必要时为他们进行翻译。更为关键的是，李想还必须懂得如何在正确的时机提出正确的问题，以及正确的人才培养、评估方法，知道怎样去管控自己原本并不擅长的领域。

二是从分析者到整合者。一个部门的领导是专注于具体业务的分析型人才，其主要职责是培养和管理；而作为一个公司的领导者，其职责是管理和统筹各个职能部门中遇到的知识、矛盾和问题，解决重要的组织问题。李想要让自己变成对各部门知识都"略懂"的通才，这样才能更好地解决部门间相互冲突的问题。

三是从战术家到战略家。要做到这点，李想需要忽略很多琐碎的细枝末节，把时间和思想解放出来，以关注那些更高级别的事务，具备战略性思维，培养水平切换能力以及思维模拟能力。其中，水平切换能力是一种能够在不同分析层面之间来回切换的能力。具备了这种能力，就知道如何把握细节和大局之间的关系。思维模拟能力是一种综合了预测能力、问题分析与解决能力、危机应对能力的复合能力。具备了这种能力，就能够预料到包括用户、竞争对手、政府、监管者、公众媒体等外部各方对你行为的反应，从而找到最佳的应对和解决办法。

四是从被动者到主动者。李想一旦成为公司领导者，就不能仅满足于扮演被动的救火者，而要把更多的时间和精力投入在处理和解决组织问题上，也就是要从被动的救火者成为一个能够主动发现火情的人。一方面，要对其分管业务面临的机遇、威胁和挑战做到洞若观火，将注意力聚焦到最重要的事情上；另一方面，还要能够发现那些"空白地带"，也就是那些无法清晰归入任何一个部门，但又对公司业务发展起着至关重要作用的事情，并及时给予妥当处理。

第二讲 用愿景和信念鼓舞力量

情景案例

李想在去Z公司履职前夕了解到：Z公司曾经是一个在生产上非常有优势的公司，但是最近几年，安全事故频发，常被省公司领导点名批评，公司面临重重困境。由于一直从事生产工作，对Z市的情况，李想多少有一些了解，他觉得凭着自己的专业能力，扭转局面不是问题，对老友的担忧并不放在心上。

来到Z公司，李想一心想尽快做出一些成绩，站稳脚跟。他很快开始找员工谈话，一方面想与大家尽快建立好关系，方便工作开展；另一方面，也想了解更多的具体情况。在谈话的过程中，李想发现问题并不像他想的那样简单，Z公司受到安全事故影响，近几年综合业绩指标在总公司一直处于倒数几名的位置，并且随着电改的深入，售电公司如雨后春笋般层出不穷，公司原本的售电业务受到了不小的冲击，可谓是雪上加霜。在这种情况下，公司员工普遍士气低落，对公司的发展也都表示出担心和忧虑。

知识进阶

一、愿景比管控更重要

通向未来的道路荆棘丛生，没有路标，也没有地图，领导者只能依靠梦想来导航。领导者要展望未来，用思想的利剑划破黑夜，让同行者看到光明，看到目的地的美好景象，引领人们奋勇前进。

如果你现在在一条大雾弥漫的平坦公路上开车，不可能开得很快，因为你看不清方向，看不准道路。当一个团队或者领导者迷茫的时候，就是这个团队业绩下滑最厉害的时候。领导者的眼光越长远，目标越清晰，员工的动力才会越充足。

如果你现在还是在平坦的公路上开车，大雾已经全部消散了，这时你开车的速度就会大幅提高。这就说明当你和你的团队目标清晰的时候，你们所有人工作起来都会全力以赴；当你和你的团队目标比较模糊的时候，就像是在大雾中开车，无法提速，只能缓慢前行。

当你在公路上开车时，突然刮起了一阵风，将一张报纸刮到了你的前挡风玻璃上，挡住了你的视线，你会怎么做？相信所有人都会选择刹车。这就表示，当一个人或者团队根本没有目标的时候，就会止步不前。

无论是个人还是团队，目标越清晰，动力就越充足。在生活中，你只有确立了清晰的目标，才能为之奋斗。团队也一样，领导者一定要将自己的愿景清晰地告诉员工，让员工看到的愿景越清楚，他们的动力就越充足。

总有一些人错误地认为，企业领导者的工作是专注于企业运营、组织结构，以及人员的管理和控制上，这种自上而下的管理模式在某种程度上虽然能够起到一定作用，但会极大地限制企业和员工的创造力和想象力。随着时间的推移，企业会逐渐失去其发展的动力和目标，员工对企业的认可度会越来越低。相比之下，一个目标明确、鼓舞人心且可实现的愿景对于企业的长远发展更为重要。对于一些正处于发展阶段的小企业来说，现阶段可能会将更多的精力投入在成长和运营等方面，但作为企业管理者也不能忽视愿景、信念对于引领方向、凝聚人心的重要意义；对于那些已经发展壮大的成功企业来说，是否拥有一个合理而又美好的愿景，已经成为他们能否从优秀迈向卓越的重要指标之一。

管理大师吉姆·柯林斯在其著作《基业长青》中指出，那些真正能够留名千古的宏伟基业都有一个共同点：有令人振奋、并可以帮助员工做重要决定的愿景。

什么是愿景？从字面上看，可以将它理解为原本就贮藏在心中的美好景象。愿景不是设计出来的，不是制造出来的，而是挖掘出来的。所以，领导者要把心中的美好景象挖掘出来。一个领导者对未来没有任何想法，那么就不可能领导他人。因此领导者要开启全体成员的共同愿景。

1. 共同愿景的伟大力量

领导者提出的愿景能够成为团队的共同愿景的话，它一定是组织未来的目标和使命，它一定是全体成员发自内心的愿望，它可以将成员紧密地联系在一起。

员工首先认同的是领导者，其次才是愿景。如果他们信任领导者，就会认同领导者所信仰的愿景；如果他们不信任领导者，那么不管愿景多么美好，他们都难以认同。

一位有愿景的领导者具有一种立足于现实，陈述愿景的能力。他知道自己要去哪里，也能让一群人和他同前共往，并具备中途修正的能力。在此，领导者应当具备三种基本能力：

● 厘清个人愿景的能力；

● 聆听和探询别人愿景的能力；

● 汇集共同愿景的能力。

领导者要把追随者带到共同的愿景中，一定要了解其追随者，用他们的语言说话，要让那些追随者们相信，领导者是了解他们内心的需要和想法的。只有这样，才能在共同愿景的引导下，让企业走得更远。

2. 共同愿景的五大特质

一个愿景既要有工作目标，也要有生活目标；同时既要有组织要求，也要有个人需求。只有满足了这些方面，才能叫作愿景。

即使在同一个组织中，因为层级不同，其愿景也有所不同。具体可分为三层：组织大愿景、团队中愿景和个人小愿景。这是因为不同层次的领导者所承担的责任不同。个人愿景是个人心中的美好景象，即使组织中个人的愿景相同，如果没有经过沟通和分享，依然不能算是共同愿景。真正的共同愿景是经过组织成员之间相互沟通和交流之后才形成的，它能够为组织提供努力的方向。

领导者能够将寻找愿景当作自己的任务是一件好事，因为事实的确如此。但是也有部分领导者错误地认为寻找愿景是自己一个人的事情。这样得到的共同愿景不是团队成员所希望的。他们不想看到领导者将个人愿景作为团队的共同愿景。因为团队成员希望在未来看到自己的愿景被实现，自己的希望和梦想被达成，他们希望自己也能够出现在领导者展示的团队未来美好景象之中。这就说明优秀的领导者的任务不是寻找愿景，而是共启愿景。

共同愿景最大的作用是把团队所有人的力量聚集起来。领导者要想每位团队成员看清自己未来的道路，就必须向他们描绘足够引燃他们激情的景象。虽然领导者手中拥有权力，但是也无法强迫团队成员实现他们不想实现的愿景。这就要求共同愿景要有足够的吸引力，能够让每个人都感到它和自己息息相关，这就需要领导者倾听成员的声音，了解成员的愿望。

共同愿景的实现通常不是一件容易的事情，可能需要数年时间。所以领导者要让团队中的每个成员都足够关注团队的未来，因为愿景不是一项工作任务，而是整个团队的事业。无论领导者带领的团队规模多大都是如此。

共同愿景并不是一种虚无缥缈的、抽象的东西，它是真实存在的、能够激发人们为之拼搏、努力和奉献的愿望。共同愿景具有五个特质：

第一，理想。愿景是希望、是梦想、是领导者的追求。愿景让领导者及其追随者明白目标是什么。

第二，独特性。愿景应该是独特的，是能把领导者及其团队与其他人区别开、使之与众不同的重要因素。

第三，场景化。用生动感性的文字和语言描绘未来。领导者的用词越是形象化，越能让员工身临其境，愿景越会令人难忘，让人热血澎湃。

第四，面向未来。愿景描述的应该是令人激动的未来，如果它描述的是当下已经存在的事物，那就不是愿景而是现实。愿景必须是对未来的憧憬和展望，它要拓宽领导者的视野，放飞领导者和团队成员共同的梦想。

第五，共同利益。愿景必须是团队成员共同的才有价值，它培养的是领导者和团队成员共同的命运意识。愿景不仅是领导者的梦想，更是团队成员和利益相关者共同的梦想。领导者必须通过愿景告诉追随者，他们的利益如何得到保障，以及他们如何成为愿景中的一部分。只有这样，才能把大家融入共同的愿景之中。

同时，愿景要和使命、价值观共同构成领导者的"领导哲学"。

愿景就是明灯，为组织照亮前程，指明方向，也是组织期望达到的目标。

使命是聚焦镜，只有清楚使命，才能将力量集合起来，这也是组织存在的意义和价值。

价值观是罗盘，是组织的宗旨和行动指南，引导组织沿着正确的路线前进，不走偏路。

只有这三个要素结合起来一起发力，才能将组织打造成一个精神共同体。

一个组织先将利益和员工绑在一起成为利益共同体，再把精神和员工绑在一起成为精神共同体。把利益共同体和精神共同体结合起来，才能让员工和领导者成为事业共同体。

伟大的组织之所以伟大，是因其有共同愿景，能激发出成员的强大力量，在遭遇混乱或阻力时，能继续沿着正确的路径前进。

二、信念比指标更重要

在领导力的研究过程中，越来越多的人逐渐意识到制度在管理过程中的局限性，我们可以用制度要求别人和自己，我们可以用制度设下限，但是无法用制度衡量上限，而领导者的使命是带领团队去往"上限"，甚至突破"上限"，但"上限"是制度所不能及的地方。我们可以要求别人达到我们的标准，但是，如何要求我们达到自己的极限呢？如何带领团队去往更远的地方呢？

答案是信念！信念能够带领我们去往远方，信念能够激发我们的最大潜能，信念能使我们心底永葆不灭的火焰，信念让"星星之火可以燎原"。

与此同时，领导者还必须明白：坚定信念绝非易事。组织和人一样，都有生老病死。领导者在顺境中秉持信念，坚持原则，这很容易。但在逆境中呢？在企业面临生死存亡的关头呢？是否还能坚定信念、毫不改变价值观呢？这才是对领导者真正的考验。而这些考验能让世人看清领导者到底秉持的是什么信念、什么才是企业的核心价值观。

今天，我们都看到了新东方英语学校的成功，却很少有人知道新东方曾经岌岌可危、濒临倒闭。2003年"非典"时期，新东方无奈关门停业，董事长俞敏洪被迫远走北美，此时的他可谓举目茫茫，新东方似乎前途惨淡。

在飞机上，悲情的俞敏洪给新东方的同事写了一封短信，算是送给自己和同事的"信念留言"。从这封信中，我们看到了一位领导者的初心和价值观，也看到了一位领导者如何把自己独特的心声传达给同仁。

俞敏洪在这封信中写道：

我正坐在从北京飞往温哥华的飞机上，每次听到这首萨克斯名曲《回家》时，我都忍不住流泪。当我住在北大暗无天日的8平方米地下室时，我听着《回家》，想在地上拥有一个能见到阳光的家；离开北大后，我与人合租一个公寓，听着《回家》，想要拥有一个自己独立的家。人生一路走来，新东方成了我真正的家，成了我们大家的家，成了一个充满温情、亲情和友情的家。也许在"非典"之后，我们新东方这个家会身无分文，将只能从废墟上重建，但只要我们家里的这些兄弟姐妹们都在，只要我们能够齐心协力，我们就一定能够重建一个更加美丽的家园。新东方英语学校的校训是"追求卓越，挑战极限，从绝望中寻找希望，人生终将辉煌！"

这封简短而又充满激情的信，却有一种隽永深刻的力量，充分展现了俞敏洪及新东方"从绝望中寻找希望"的信念。

俞敏洪强调，新东方是"他的家"，同时也是"大家的家"。这就是他的价值观：他把新东方看作自己和同事的家。之后，他没有用过多笔墨描述悲情，没有煽情地描述新东方不幸的现状，而是直接用一句话说出了自己内心的信念：也许在'非典'之后，我们新东方这个家会身无分文，但只要兄弟姐妹们都在，我们就能重建美好家园。

从这封信中，我们可以看到，俞敏洪反复强调"家"的概念。新东方秉持的就是"家"的文化，他倡导以身作则的信念也是"家"的信念。我们还能看到，作为领导者，他的心志之坚定，而这种坚定会影响领导者所在组织中的成员。当一位领导者清晰地知道自己在弘扬什么，自己在塑造什么，所有的员工都会为之努力付出。"非典"过后，新东方员工都以"重建家园"的美好信念重新聚首，开疆辟土，新东方又崛起了！

要点提示

1. 愿景可以将成员紧密地联系在一起；
2. 成功的企业总是能坚持自己的信念。

案例分析

所有伟大的领导者都知道自己去往何处，并能够使他人信服且与之同行。愿景和信念是卓越领导者不可或缺的素养，也是带领企业到达向往彼岸的动力引擎，尤其是在企业经历动荡和挫折时，愿景和信念的作用更为凸显。Z公司现在正处于重重困境中，安全生产形势不容乐观，人心动荡、士气低落。在这样的情况下，愿景和信念就成为了将每一个人团结、集中起来的关键。李想作为公司副总，应该在正确剖析企业所面临的问题与困境后，充分发挥愿景和信念所带来的影响力和引领力，带领公司走出困境。

一要确定共同愿景。向员工描绘一幅诱人的蓝图，让员工知道，通过努力，他们可以达到什么样的理想结果。蓝图描绘得越具体、详尽，就会让员工越容易相信，也就更愿意为之努力奋斗。同时，这个蓝图必须符合员工的理想，与员工的价值观和愿望产生共鸣，这就要求李想必须在确立愿景时深入基层，了解员工的价值观和愿望，或者让员工参与愿景的确定。

二要持续不断且一致地向员工灌输愿景。李想要通过各种方式，在各种场合不断地重复愿景，强调其重要性，再通过各层领导层层传递给员工，并尽可能保证愿景在传递过程中保持一致。同时，这种一致性也体现在其自身行为与其所传导的愿景相一致上。假设Z公司的愿景是要提高公司对于客户服务和环境挑战的反应速度，此时，如果李想花了好几个月才通过一项方案，那么这个行为就破坏了之前他所设定的愿景。一个方案被拖延这么久，不管是否有理由，都会使员工感到设定的愿景只是空话而已。

　　三要认可员工在愿景实现过程中做出的贡献。大部分员工都希望上级能够认可自己的付出，这样才能保持较高的积极性。李想要寻找一切机会强化那些推动部门或公司朝实现愿景方向发展的行为，公开表彰一切朝实现愿景方向努力的集体和个人，引导员工与企业信念靠近和融合。同时，还要特别注意，不要责备和批评员工在愿景探索和实现过程中所犯的错误，而要鼓励和引导他们从失败中吸取教训。

第三讲　领导者的察人驭人之道

情景案例

在 Z 公司工作了一段时间后，李想发现 Z 公司的员工队伍不稳定，公司人才流失现象十分严重，有个别岗位的核心员工已经被新成立的售电公司挖走。由于离职的几个人都是技术性强、威望高的老师傅，听说新单位的收入还十分不错，这让员工们有些心神不定，公司员工士气低落，有很多人也产生了另谋高就的想法，只是有点留恋公司央企的背景，正在犹豫不决，这种糟糕的氛围一直难以扭转。几位骨干员工的离职，也给工作造成了不少实际困难，接替他们岗位的员工技术水平与他们存在差距，已经导致工作质量大幅度下降了，严重影响了公司的整体生产水平。

发策部的小焦今年刚从大学毕业，工作不到一年，短短几个月的时间就让小焦经历了从初来乍到的新鲜到逐渐不适应的过渡。刚入职的时候，小焦对于公司的整体环境很满意，当然对自己的期望也比较高，当时她就给自己定下了目标，要在一年内做到熟悉业务，与同事建立良好关系，同时在此基础上做出一定的业绩。对于小焦来说，能不能得到提拔她倒没想得那么长远，她就是想能够好好表现，得到领导的认可和赏识。正因为如此，每次在部门例会上，小焦都积极参与发言，经常对公司一些现有的管理流程、方法等提出意见；但由于工作经历有限，很多建议难免显得不成熟。另外，由于小焦工作非常积极主动，无形之中给了部门其他老员工很大的心理压力，因此她向老员工请教问题时，很多人都支支吾吾，有所保留。时间一长，小焦与其他员工的关系并没有维持好。业绩上，她虽然一直很努力，但也并没有什么太大的起色，小焦越来越焦虑了。

小张比小焦早一年到公司，与小焦相比，小张就显得成熟老练了很多。在工作上，小张虽然业务相对较为熟练，但也仅仅满足于绩效不垫底的程度，干活儿从不冲在前面，开会也总是往后坐，领导如果不点名绝不会提出任何意见。别看现在的小张显得有些懈怠，其实刚入职的时候，小张也经历过作为新员工的激情期，但在工作了一年多之后，小张慢慢意识到理想与现实之间的差距，对薪酬产生了不满，觉得自己的付出和收获不成正比。因此在工作上越来越懈怠，很多其他问题也逐渐暴露出来，比如考虑问题不够周到，在与其他同事沟通交流时不注意方式方法，还有不按照工作流程办事，等等。

大付在公司绝对算是老前辈了，从电专毕业后就进入公司，到现在已经有十年了。大付在公司运检部，虽然不是部门主任，但很多人都觉得大付的业务比部门主任要强，因为大付是从基层一步一步做起来的，因此处理起所有运检任务都显得游刃有余。但大付不太喜欢抛头露面，虽然已经是有着十年工龄的老员工了，但他似乎总觉得自己还是几年前那个刚入职的毛头小伙子，平时在部门会或者公司专业会上，很少主动发言，平时跟领导说话也小心翼翼。虽然如此，很多时候运检部要解决棘手问题或者制定什么计划方案，部门主任都要找大付一起商量，同事之间有什么问题也都向大付请教。大付显然已经成了部门中隐形的主心骨，连部门主任都不得不承认这一点。

老张是营销部的部门主任，老张所在的部门有二十多个员工，其中至少有一半是老张亲自带出来的徒弟。这几年，由于老张管理有方，公司辖区内的窃电率逐年下降，公司每年都受到省公司的表彰奖励。大家都认为老张是这些荣誉背后最大的功臣，部门员工对他也是敬佩有加。与此同时，好几家新成立的售电公司都看重了老张这个人才，向他抛来了橄榄枝。

知识进阶

一、领导者要知人善任

在这个时代，人才的重要性是不言而喻的。对于这个时代的领导者而言，人才有时甚至比企业战略本身更重要。因为只有拥有了一流的人才，企业才能真正在激烈的市场竞争中有所作为，而企业领导者才能拥有他应有的领导价值。没有人才的支撑，无论企业战略多么雄心勃勃，也无论企业蓝图多么美好，都无法真正落实，也无法取得最终的成功。

甄别领导者是否称职的试金石，就是其"知人善任"的能力。这个能力其实是由两个部分组成的：知人与善任。这两个部分是有前后逻辑关系的。领导者首先要能够"识人"，接下来才能做到"善任"。一个无法准确"识人"的领导者，是不可能做到合理"善任"的。识人不准，用人不当，毫无疑问就是领导者的失职。自古以来，很多用人失察的结果令人扼腕叹息。

识人不能凭感觉，没有任何一位领导者可以凭主观感受每次都能做出正确的选择。那么，领导者如何客观且不带有任何个人喜好的情绪对下属进行正确的识别和判断呢？领导者如何判断和鉴定员工的工作呢？领导者判断和坚定的依据是什么？这些依据是否科学和标准？

不仅要"成功"，更要"有效的成功"。领导者领导下属和团队时，会通过不同的领导行为得到不同的结果。所有的结果都可以大致分为两类：要么是成功的，要么是不成功的。我们都希望获得成功，但成功还不算完全达到目的。因为我们不仅要成功，更要有效的成功。那么，还有无效的成功吗？是的。

上司急需一份报告，第二天着急使用，于是将工作交给下属，对下属说："无论你今天晚上加班还是熬夜，这份报告明天上午9点前必须做好交给我。"第二天早上一上班，下属就将报告交给了上司。下属的工作应该算是成功的。但是上司看到报告之后发现这份报告做得非常糟糕。因为下属虽然按照上司的要求按时将报告交给了上司，但是却没有达到要求。因此，这样的成功可以说是无效的。

工作不是做完了就算成功了，而是要做好、做到位。既要成功，也要有效。那么，应该用什么衡量工作是否成功？有效又应靠什么保证呢？

成功的衡量标准是结果，结果是符合我们的预期，这是衡量工作是否成功的依据。没有结果，你无法证明自己的工作是成功的。

态度保证结果的有效性。如上述情景中所描述的现象，报告必须在第二天上午9点前如期上交，但报告的质量完全取决于下属的工作态度。

领导者要想取得有效的成功，要记住：成功与否取决于完成工作的结果；有效与否取决于完成工作的态度。

结果和态度是衡量工作能否取得有效成功的两把"标尺"，那么我们又通过什么可以获得结果、通过什么保证态度呢？

二、结果靠能力来获得，态度靠意愿来保证

1. 能力评估指标

现在我们知道了需要靠能力获得结果。那么，如何评价一个人是否有能力呢？

很多领导者整天都在评价某某有能力，某某没有能力；某某能力高，某某能力低。那么领导者究竟是用什么来评价能力的呢？有没有一个标准？这个标准是否科学呢？

到底怎样评价一个人的能力？

能力有三个具体的评估指标，分别是知识、经验和技能。

（1）知识

有没有知识决定了一个人知不知道如何做，以及能不能正确评判对与错。如果一个人缺乏相关的知识，便不知道在这个相关领域中如何开展工作。

（2）经验

"经"指的是经历，"验"指的是体验和验证。所以，"经验这个词"必须和两点挂钩：第一，是否有经历；第二，在经历中是否有自身的体验和对规律的验证。

没有经历不成经验。使人成长的不是岁月，而是经历。一个人虽然年纪大，但经历少，就不能说这个人经验丰富。只有经历丰富才能证明经验丰富！

没有体验别谈经验。那是不是只要有了经历，经验就自来？也未必。试想，如果一个人有经历，而不在经历中反思、总结和领悟，那这个人依然没有经验。有些人虽有经历，但不反思总结，探寻事物背后的原因和规律。我们常常会遇见被人笑称为"臭手""臭棋"的人，他们都是有经历却不好好总结经验的人。

职业棋手和业余棋手的区别之一，就是职业棋手在下完一盘棋后，无论输赢都要进行"复盘"。所谓"复盘"，就是以下"盲棋"的方式把刚才的棋局重走一遍，逐步分析每一步棋的对错缘由，以便反思改进，不断提高。"复盘"在管理实践中简单来说就是总结（当然"复盘"不能等同于总结，因为其内涵要比总结复杂得多，尤其是复盘中要有推演，这是与总结最本质的区别）。事情做好了要总结，为的是把经验总结出来，于是形成了流程；任务失败了也要总结，为的是把教训总结出来，于是形成了制度。无论流程还是制度，都是在管理实践中逐渐总结摸索出来的，可见总结对日常管理的重要性。

经验很宝贵，很多领导者在工作中更多依靠经验来管理，并且可以为领导者节省大量时间。但现实中，我们发现一些人却"栽倒"在经验上。为什么？因为经验最怕变化。如果你总是固守着过去的经验，却不能根据时空的转换等可变因素及时做出调整，经验反而会让我们"作茧自缚"。所以，经验必须符合时代的要求，与时俱进的经验才是真正的经验，过时的经验反而会成为"障碍"，非但不会成为成功路上的"垫脚石"，还会成为成功路上最大的"绊脚石"。

（3）技能

技能是业绩的直接保证。没有技能，知识也好、经验也罢，都不能直接换取业绩。很多书生型的人才，知道的多但换不回业绩；也有很多老将经验丰富，但业绩赛不过年轻人。

判断技能有六要素。

要素一：明确工作的目标。

这里所说的目标不是一个词，而是由"目的"和"标准"两个词组成的。执行者必须明确工作的目的和执行的标准。

在现实中，有太多的执行者不明确自己的工作目的是什么。因为工作目的不明确，导致完全不知道工作到底应该如何做、工作的标准是什么，甚至背道而驰。我认为这样的执行者只能算有"行动力"，而不能算有"执行力"。

高技能的员工要清楚自己工作的目的，而不是盲目地将手段当作目的。

要素二：能做出正确的思考判断。

大脑和心脏哪个更重要？最多的答案不是二选一，而是"都重要"。"都重要"这个答案貌似最稳妥，但其实根本没有回答。问的是"哪个更重要"，"更重要"的前提就是我已经承认了两者都重要，但只能从中选择一个。那为什么选择不出来呢？弘一法师一语点破：识不足则多虑。这个"识"指的是分辨力，如果欠缺分辨力，我们在选择时就只会瞻前顾后、优柔寡断。同样，在决策的时候，必须有"识"，才能正确地选择和取舍，我在现实中见过太多的领导者在做决策时难以取舍，犹豫不决，最后做出一个妥协或折中的决策，结果各方都不满意。要知道，决策在很多时候就是在选择、取舍中定夺；无论兼顾还是折中，往往得不到最佳答案。

那么，大脑和心脏到底哪个更重要呢？这里我提供一个判断的工具——可替代性。有了"可替代性"这个工具，这个答案也就迎刃而解了。可以被替代的事物不重要，而不可替代的事物就是重要的。

现在，我们用"可替代性"这个工具再来思考大脑和心脏哪个更重要的问题，就能得出答案：大脑更重要。因为大脑是无法被替代的。

从此案例中我们也可以看出，技能的高低是需要掌握一定的思考和判断技术的，这决定了执行者能不能做好、如何做的基础。

要素三：技术或技巧。

在技能六要素中，我们平时注意最多、评价最多的部分就是技术或技巧。无论从事文体艺术工作，还是管理工作，各行各业都有相关的技术。而在具体应用中，我们又学会去学习或总结自己的一些技术。正是因为技术和技巧有高下之别，才让执行者产生了技能的高低之分。

要素四：运用工具。

"工欲善其事，必先利其器"。执行者对工作中所要运用的工具的掌握和使用程度，也决定了其技能的高低。正如剑客行走江湖要仗着手中的利剑，所以剑客需要经常磨剑，保持剑锋的锋利；琴师抚琴奏乐要依靠手中的琴，所以琴师要经常调弦，保持琴的音准音效。执行者运用工具的先进性、多样性，以及自身对工具的熟悉度、熟练度，都决定了在现实中解决问题的能力，并且也是技能高低的重要评价依据。

要素五：相应的生理素质。

是否具备相应的生理素质直接决定了领导者可能达到的技能水平。只要静心想一想，这个道理很简单。例如，如果一个人天生嗓音不高，却非要从事歌剧艺术，或身高欠佳却想在篮球运动中有所作为，是很困难的。工作同样如此，身高、体重、智商甚至性别，直接导致有些工作是适合的，有些却可能根本无法从事。

要素六：相应的心理素质。

心理素质和技术相辅相成，相得益彰。心理素质好的人更能发挥出好的技术，而技术过硬的人也更自信，更容易表现出稳定的心理素质。在个体技术的比拼过程中，很多时候起决定作用的不是技术或技巧本身，而是心理素质。

曾创造赛场"传奇"的运动员马修·埃蒙斯，是一名技艺令其他选手望而生畏的美国射击选手。2004年，在雅典奥运会男子步枪决赛中，埃蒙斯在前9枪中遥遥领先，但最后一枪却鬼使神差般将子弹打到了别人的靶子上，居然还是惊人的10.6环，将几乎收入囊中的金牌拱手让给了中国老将贾占波。而更令人匪夷所思的是四年之后，技艺更加成熟的马修·埃蒙斯再次参加北京奥运会。那是难忘的2008年8月17日，北京奥运会男子50米步枪决赛，埃蒙斯在倒数第二轮领先将近4环，在金牌几乎唾手可得的情况下，重演了雅典的一幕，最后一轮仅打出了4.4环，我国选手邱健凭借最后一枪稳定的发挥获得了金牌，而埃蒙斯却与奖牌无缘。

从技术上来看，埃蒙斯是无敌的；但从结果来看，埃蒙斯又是可悲的。究其原因，是他没有过硬的心理素质。

在现实工作中，我们同样会看到很多行业和职业对心理素质有相应的要求，甚至在一些职业中，有没有可靠的心理素质直接决定了你是不是"职业选手"。可见心理素质对一个人技能的影响，尤其对关键时刻的影响至关重要。

把这六要素结合起来，就可以判断此人的技能如何了。将知识、经验和技能三者结合在一起，就能对执行者的能力进行综合评估。

2. 意愿评估指标

前面我们说到，态度靠意愿来保证。那么，如何评价一个人是否有能力呢？
意愿有两个具体的评估指标，分别是动机和信心。

（1）动机

一个人想去做事，这就是动机的依据。换句话说，当执行者面对任务推三阻四，不想去做的时候，就可以认为这是其缺乏动机的表现。在具体工作中，领导者要判断执行者是否具备执行的动机，就抓住一个字——"想"。想做的人就有动机，不想做就是缺乏动机。

（2）信心

执行者有信心才会有意愿去执行，反之，对任务缺乏信心的人，往往执行的意愿相对较低。执行者的信心来自哪里呢？一个字——"能"。信心来自执行者对自身能不能完成任务的主观判断，这与前面所描述的能力完全不是一回事。前面所讲的能力，是指领导者对执行者通过三要素进行客观的评价，而这里所说的"能"，是指来自执行者自身的主观判断。人们对自身的判断往往出现两种不正确的现象：有的人自我感觉过高，容易出现"自大"的现象；而有的人自我感觉过低，又会出现"自卑"的现象。

三、企业员工发展的四个阶段

按照之前所说的能力和意愿的程度作为衡量指标，员工在企业发展中必然会经历四个阶段，而领导者的任务，就是要根据员工不同的发展阶段制定相应的管理策略，从而帮助员工成长，消除负面和消极情绪，并在此过程中识别、培养，以及合理地提拔选用人才。

阶段一：热情洋溢的初学者。

很多刚进入企业或刚接手一项新工作、新任务的员工，初生牛犊不怕虎，虽然工作能力欠缺，对企业或自己所从事的工作不是很了解，但具有很强的工作意愿，工作积极性高，也对自己很有信心，认为自己应该可以，对自己所要从事的工作总是跃跃欲试，希望领导能够给自己展现能力的机会。面对这阶段的人才，领导者需要及时给与指导和帮助，促使其快速成长成才。

阶段二：憧憬幻灭的学习者。

处于这个阶段员工的特征是，通过上一阶段的学习与成长，已经具备了一定的基本能力和基础经验，因此工作的动力和意愿性有所下降，也认识到做好实践工作比想象中困难更多更大，因此出现了畏难和消极情绪，特别是遇到学习成长的障碍时，易悲观被动地放弃。对于这个阶段的员工，领导者要不断鼓励和肯定其成长，帮助其渡过"难关"，让其看到希望和美好的未来。

阶段三：能干但谨慎的执行者。

处在这一阶段的员工已经拥有较强的工作能力和一定的工作成就，但其对自我的认知容易出现偏差，认为自己的能力还不足以去应对那些难度高、挑战性大的工作，因此容易出现裹足不前的状况。对于这一阶段的员工，领导者要帮助其成就一些有难度的、挑战性大的工作，在提升工作能力的同时，加强其成就感和自我的价值认同感，认清自身的潜力和价值，同时加强其对企业价值观和文化的理解认同，稳定其心。

阶段四：独立自主的完成者。

处在这一阶段的员工有着很强的工作能力和丰富的实践经验，此时的他们已经能够担当重任、独挑大梁，并在不断应付各种变化和挑战的过程中逐步认识到自身的价值、自信心和底气与以前都有了巨大的差别。可以说，这个阶段也是跳槽的高峰期，对他们来说，继续以被管理的角色出现在公司中有可能已经不能满足自己的要求，他们需要一个属于自己的事业。对于这个阶段的员工就要给予他更大的发展空间，并依据他的心理需求方向和程度提供相应的支持，发挥其优秀骨干的核心作用，积极调动其主人翁的责任感，增强其参与性、主导性，通过成就型驱动其工作的主观能动性。

总结来说，领导者要大力培养和提升第一、二阶段员工的能力，积极解决第三阶段员工的"心结"，发挥第四阶段员工的人才核心作用。在这里还需要说明的一点是，我们将企业员工的发展分为四个阶段也是笼统而论的。对于每个员工来说，其职业发展的状态不尽相同，有的人可能会经历更多阶段，有的人可能经历一两个阶段就能够实现跳跃式发展，这就需要领导者能够走进员工，关心他们，设身处地地为员工考虑他们的职业发展规划，考虑如何能够使他们的价值得到更好的发挥，因为他们才是企业成功的基石。

要点提示

1. 人才比战略更重要；
2. 没有人才，再壮丽的企业规划也只是一纸空文；
3. 好的管理者都极其重视员工的成长。

案例分析

情景案例中的小焦正处于"热情洋溢的初学者"这个阶段，对于领导来说，小焦这样的员工是非常值得培养和重用的。小焦遇到的问题，也可能是很多新员工在进入职场后都会遇到的问题：有干劲，但是不知道怎么干；想好好表现，却又带给老员工太大压力；工作努力，但总是得不到肯定。由于刚入职时，对于一切的期望值过高，因此在被一个又一个现实问题打压后，积极性很容易受挫。面对这阶段的员工，首先要学会保护员工的积极性，因为强烈的工作意愿是非常可贵的，是任何东西换不回来的；其次，管理者需要给予更多耐心、细致的指导，帮助其快速掌握知识和技能，积累一定的经验。最后，企业要有成熟的激励和奖励机制，使员工的工作成果经常得到有效的反馈。

情景案例中的小张处于"憧憬幻灭的学习者"这个阶段。该阶段是一个比较难熬的时期，这个阶段的员工在业务能力以及个人素质上并没有太大突破，且其工作意愿的降低还容易对其他员工产生不良的辐射和影响。如何消除他们的消极情绪，就要从心理下功夫。对于一个员工来说，工作追求的无非有两点：一是令自己满意的薪水；二是有学习和升职的空间，个人价值可以得到体现。第一点在当前这个阶段比较难以实现，员工的薪酬水平应该与其工作能力和业绩水平成正比。因此在这个阶段，薪酬上并不适宜给予过多照顾。所以，领导者需要在第二点上下些功夫。对于处在第二阶段的员工来说，影响工作能力和业绩水平的根本原因在于心理，因此需要不断鼓励和肯定其成长，帮助其渡过"难关"，让其看到希望和美好的未来，同时也让他们感受到自己是被重视、并被培养的一批人。

情景案例中的大付处于"能干但谨慎的执行者"这个阶段，能力较之以前有了巨大的提高，但此时他的自我认知并没有随之变化，依旧处在自我轻视的阶段。对于这个阶段的员工，领导者不能大材小用，更不能冷落他们，可以给他们多提供一些走到前台、抛头露面的机会，也可以帮助其成就一些有难度的、挑战性大的工作，增强其自信心；同时，这也是对他们的考验，看他们能否重用。

情景案例中的老张处于"独立自主的完成者"这个阶段，这个阶段的员工需要更为广阔的展示和发展空间，这就要求领导者能够给予他们更多的自主权，并在工作中提供更大的支持，在辅助其取得更大成就的同时注重加深他们对于企业的认同感，使其更好地发挥主人翁的责任感，为企业做出更大贡献。

第四讲　处理危机能力修炼

▌情景案例

　　随着对Z公司的深入了解，李想采取了多种手段来提高生产水平，取得了不错的成效。然而，在他刚想松口气的时候，遇到了一个棘手的问题。配售电公司A是Z公司最强力的竞争对手，虽然成立的时间并不长，但它是在原地方电网基础上成立的，公司领导与市政府相关部门的领导很熟识，又聘任了一位相当有经验的职业经理人，应对市场竞争更是如鱼得水。

　　李想听说A公司已经向政府领导承诺，将电费每度降到0.45元，这个举动赢得了地方政府对A公司的全面支持。李想也确实感到了政府这段时间有意无意地在暗示Z公司向A公司做出一些让步，可见传说不是空穴来风。最近李想又听到消息说，市政府很有可能直接把该区域指派给A供电区域进行电网维护，真是难缠的对手！

　　就在李想考虑如何改善局面的时候，Z公司恰巧发生了一个变电站跳闸，引发了大面积的停电事件，政府向Z公司施压，要求尽快解决问题且给出合理解释。个别媒体在当地报纸上夸大了Z公司在这一事件中的责任，一时引起了当地居民的强烈不满。

　　局面十分困难，但是李想毕竟在基层工作多年，又一直从事艰苦的生产工作，是一个性格十分坚韧的人。不管多么艰难，他还是决心要尽快解决问题，带领Z公司走出困境。

▌知识进阶

　　当前，我们都处在一个千变万化、冲突矛盾日新月异的复杂环境中，企业领导者也常常处于各种危机事件的包围之中，一旦处理不当，危机就可能会带来严重的后果。所以，妥善预防和正确处理危机就显得尤为重要，而危机处理与应对能力也日益成为一个优秀领导者不可或缺的重要能力之一。

一、处理危机能力的体现

领导者在遇到危机的时候，一定要镇定自若，保持头脑冷静，这样才能稳定大局、控制局面，拿出正确的应对措施。如若遇到危机时张皇失措、战战兢兢，失去理智的思考，那么损失的不仅是事件本身，同时也会失去自身的威信，失去同事、下属对你的尊重。应对和处理危机的能力主要包括四个方面：危机监控和预测能力、危机决策能力、危机预防和控制能力以及危机处理能力。

1. 危机监控和预测能力

这是一种运用预测技术和手段对未来危机发生的可能性及危害程度进行监控及合理评估的能力。需要对危机出现前的先兆、可能引发的现象进行严密观察，对所获得的信息进行处理和评价，换句话说，就是从现有组织和环境中，获取未来有可能发生危机的零星、分散信息，将这些信息进行分类和处理，以获得对于危机发生的可能性及其危害程度的系统性评价。

2. 危机决策能力

这是一种在对危机进行合理评估的基础上，对于是否发出危机警报、是否进入紧急状态进行判断、决策的能力。危机决策能力是危机处理能力的重中之重，决策是否正确将对其他日常工作及管理活动产生重要影响。一方面，一旦发出危机警报，必然会打乱原有的正常工作秩序，并紧急调用人、财、物进行危机控制，如果危机并不像预警那样真实发生，则为此消耗的人、财、物必定会造成浪费，这就是决策失误的代价；另一方面，如果可能遭遇危机而没有及时发出警报，仍然以常态方式进行管理，那么一旦危机发生，就会惊慌失措、乱了阵脚，甚至带来极其严重的灾难性后果。

3. 危机预防和控制能力

这是一种对可能引发危机的各种因素采取预防措施，并有效控制危机爆发的能力。预防和控制危机的关键是要建立一套由专、兼职人员组成的危机监控系统。同时，领导者也要采取一些有效的方法来不断增强自身对于危机的预控能力。可以采取分级管理的方法，将危机的预防和控制措施按照规模大小进行分类，规定好各个层级负责实施的规模。这样一来，就能够在危机发生时迅速、及时地实施大量小措施，而领导者就可以集中精力进行重要措施的实施，从而提高危机预控活动的效率。

4. 危机处理能力

这是一种在危机爆发和持续时，能够采取有效措施减轻危机危害的能力。危机发生后，应对危机本身及相关人员采取隔离措施，防止危机的蔓延；同时找出主要危机，并采取有效措施加以控制和消除。此外，若危机发生后果较为严重，还应该及时采取措施控制舆论导向、维护组织形象，并在此过程中总结经验教训，不断改进和提高对于危机的管理水平和能力。

二、处理危机的原则

领导者在解决与管理危机时，除掌握一套基本程序之外，还必须遵循一些必要的原则，这样才能尽快平息和消除危机，迅速恢复正常秩序。

领导者在进行危机事件解决和管理时，除需要按照一定流程、顺序进行处理之外，还必须懂得处理危机的五大原则。只有了解、掌握这些原则并将其内化于心，才能尽快消除危机，迅速恢复正常秩序。

1. 积极主动原则

危机处理中最重要的原则就是要积极应对、承担责任。危机一旦产生，就需要马上进行处理，即使不是由于自己的原因，也应该在第一时间消除危机事件造成的直接危害，勇于承担责任，用积极的态度去面对事件，树立良好的公众形象，赢得公众好感。如果一开始就推卸责任，采取消极、被动的态度，将公众利益抛于脑后，急于追究责任、撇清关系，不仅浪费了处理事件的最佳时机，加剧危机状况，而且还会将自身置于舆论核心，甚至出现不可控制的局面。

2. 如实说明原则

在进行危机处理时一定要实事求是，切记弄虚作假。在发生了危机事件后，需要各方沟通协调，往往需要应对新闻媒体。应主动与新闻媒体取得联系，公开说明事实情况，如实向公众公开事件产生的原因、过程及现阶段进展，切不可避而不谈、有意回避，这样更容易造成小道消息蔓延，引起公众不必要的恐慌。特别是后续一旦事件真相被公众知晓，会引发塌方式的信任危机。

3. 超前行动原则

潜伏性是危机事件的一大特征。虽然不能确定事件具体发生的时间、地点，但有很多征兆可以预示危机的产生。这就需要领导者对所负责的工作进行深入调查研究，及早发现容易引发危机的问题和线索，预测可能会产生的问题以及事件的发展方向、规模程度，并制定应对不同危机情况的应急预案，提前确定人员分工、做好相应处置安排。保持高度敏感度，一旦发现事件萌芽，要及早处理，将危机扼制在萌芽状态。注重细心观察，对没有显露出的问题做好日常防御，以便当问题暴露时快速反应，努力降低危机造成的损失。

4. 注重后效原则

危机处理不能只看眼前情况，要注重后效。既要第一时间处理危机事件，降低事件影响范围，又要放眼全局，树立良好的组织形象。要杜绝头痛医头、脚痛医脚的权宜之计和视野狭窄、鼠目寸光的短期行为，要站在全局高度、放眼后续发展、采用创新手段高标准处理危机事件，这样不仅能有效应对危机，还能从危机中发现机遇，化被动为主动，获得更为长期的效益。

5. 情感联络原则

在很多危机事件中，公众在为个人或群体利益进行抗争的同时，会存在较为强烈的怨怼情绪。因此，在处理危机时，领导者不仅要善于解决利益问题，还要能够掌握公众的心理状态，根据其心理特点采取适当的策略，以解决利益权衡之下的深层心理及情感问题。通过情感联络就可以很好地达到消除危机、增强感情的目的，因为公众都是有血有肉、具有真情实感的个体，并且他们的感情是建立在对于领导者或组织的评价以及情感体验的基础上，对于其行为具有非常重要的驱动作用。因此，注重情感联络是争取得到公众理解和支持、有效化解危机的重要原则之一。

三、处理危机的方法

危机发生后，领导者必须临危不惧、处险不惊、雷厉风行、快刀斩乱麻、机动灵活、积极地处理危机，防止危机扩大、升级和蔓延，引导危机事件向着逐渐良好的事态发展。处理危机应重点掌握以下三种方法。

1. 迅速控制事态

危机事件发生后，首先要做的就是要尽可能防止事态进一步扩大。这是关系到后续整个事件能否得到有效处理的关键和基础，也是为找到更好、更彻底处理方法的重要前提。妥善处理和解决危机事件，首先必须控制住事态，防止其继续扩大、升级，再通过各种办法使其逐步由大变小，由强变弱。领导者要因地制宜，采取以下控制方法。

（1）心理控制法

一旦危机事件发生，无论其性质如何，都会对民众产生强烈的心理震动和压力，造成思想混乱，甚至引起事态不断发酵和扩大。民众因为对危机事件的性质、起因以及未来发展趋势不甚了解，因此会处在强烈的不安、焦躁、恐惧和冲动之中。一旦处理不好，民众的心理和行为很可能向不利于组织发展和事件妥善处理的方向发展。因此，作为领导者，首要任务就是要稳定民众情绪。

①领导者的行为影响力。

心理学认为，每个人都有遵从他人的心理，只是因事件、地点的变化而表现的程度不同而已，这也称为趋同心理，也就是人们会受其他人活动的影响，不自觉地从事和其他人一样的活动，并且越是在自我心理波动、价值选择不定的情况下，越容易产生这种趋同心理，遵从他人。因此，在危机事件发生的时候，领导者要时刻注意自己的言行，要沉着冷静、从容面对，切不可胆小怯懦、惊恐急躁、丧失理智、乱了方寸。领导者若能在危机时刻临危不乱、镇定自若，其他人有了强有力的领导，自然也会觉得安心可靠，心理自然会平静下来。

②转移群众的注意力。

每当危机事件发生时，大多数人的注意力往往都会集中在一些敏感、热点的问题上，固执己见、争执不下，从而忽略了全局，又或者为了达到某种利益，不达目的不罢休。这对于控制事态是十分不利的。在这种情况下，领导者必须及时采取有效措施，快速转移大家的注意力，通过说服引导寻找利益共同点和交汇点，使大家对组织的主张产生认同感。同时，从大家的角度出发，对于某些合理要求做出无损于实质的让步或者承诺，并运用归谬法或引申法引导群众意识，从而使大多数人恢复理智，站到组织的立场上。

（2）釜底抽薪法

危机事件的参与者或被动卷入事件的人们，往往容易情绪失控，处于一触即发的边缘，如若处理不好，很可能出现无法把控局势的情况。因此，领导者和危机处理人员决不能火上浇油、激化矛盾。"扬扬止沸"、先行治标未尝不可，但"扬扬止沸，不如釜底抽薪"，这才是治本之道。

①弱化对方的内聚力。

这种方法使用于有组织的社会事件。具体操作方法是：在弄清当下情况的基础上，进一步掌握对方行为的目的和破绽，寻找瓦解对方行为的突破口。可以通过宣传和舆论方式，一方面揭露事件策划者的不良目的，指出其行为的不法之处；另一方面，通过积极宣传组织政策，以及事件发展恶化的严重后果，向事件参与者和民众传导组织的希望，引导大家冷静思考，避免人云亦云，并利用大家都信服或敬仰的公众或权威人士的影响，聚拢和争取大多数。

②组织控制法。

对于危机事件的组织控制包含两个层面：第一层是要控制大局，通过正面宣传使大多数人产生清醒认识，从而稳住阵脚，避免危机影响的扩大和蔓延；第二层是要重点击破，迅速查清事件的首要人物，加以重点关注和控制。俗话说："人无头不走，鸟无头不飞。"一旦控制住事件中的首要人物，使其活动和传播受到一定阻滞，才能让事态不再继续升级恶化。这里需要注意的一点是，控制首要人物一定要依法行事，而不能蛮干。

控制事态要快、稳、准，并附有理性。因为事件发展的不同阶段具有不同的质和量，解决事件的难度和损失也是不同的。所以对突发事件的处理越早、越快就越好。

2. 准确找出症结

控制事态，限制其发展恶化仅仅是危机管理的开端，更重要的是要利用事态得到控制后的有利时机，在掌握事件各种情况的基础上，透过现象看本质，迅速而准确地找出症结所在，制定解决方法。

（1）收集事实资料

事件的原因和本质往往隐藏于各种错综复杂的表象之中，由于其隐蔽性强，人们往往无法一下窥探到其中深意。只有通过大量收集适时资料，通过各种现象进行分析，才能抽丝剥茧，找到事件的原因及实质。因此，作为领导者必须在危机事件发生时进行超常的思维和运作，运用各种手段有效地掌握大量现象与事实资料。

（2）确定事件性质

这是对危机事件进行处理的依据和基础，也是关键所在。首先，领导者要责令相关人员对事件的各种现象进行全面的认知，包括正反面，以及直接或间接想象。其次，要认真剖析各种现象之间的联系及其背后的因果关系，由此及彼、由表及里，全面把握事件本质。再次，就要在准确把握各种关系的基础上，找到制约事件发展的根本矛盾，也就是事件的"总闸门"，从而确定事件性质。只有找到根本矛盾产生的深层次原因，才能对症下药。

（3）制定总体措施

在确定事件性质后，就要制定解决事件的总体措施。在制定措施时需要注意：一是必须具有针对性和可行性。危机事件的处理对于领导者的要求非常高，若决策时出现失误和纰漏，会使事件的不良影响成倍增长，因此需要领导者在危机处理过程中具备临危不乱的沉着力、准确无误的判断力、思维敏捷的应变力和有条不紊的组织力，制定的措施要具有很强的针对性和可执行性，以确保措施得以实施。二是在处理主要矛盾的同时要加强整体协调配合，注重综合治理，切忌头痛医头、脚痛医脚，此抑彼起，零敲碎打。

3. 果断解决问题

制定措施后就到了实施阶段，这也是危机事件处理的决战阶段。要想从根本上解决好危机，领导者在这个阶段应该精心组织、周密安排，有条不紊地进行操作指挥。

（1）周密组织

能否严谨周密地将解决措施有效实施是危机事件成功处理的关键之一。一旦组织不力，就很容易引发新的危机，因此决不能掉以轻心。

一是组织的领导团队要统一思想、齐心协力，使之成为坚实有力的战斗堡垒，共同应对危机事件。二是组织中的每个成员要做到各司其职、各负其责，要把责任层层落实到岗到人。既要都行动起来，防止漏岗漏项，又必须协调统一，步调一致。每个层级、岗位和人员都要承担起其全部责任，坚决完成任务，不许有渎职和失误发生。三是领导者要统揽全局，保持清醒的头脑和坚定的行动力，既不能因一时的优势或胜利而忘乎所以，也不能因局部的失利而急躁冲动。要充分调动积极因素，在组织内部形成良好的氛围，营造必胜的气势。同时还要善于审时度势，根据情况变化及时采取相应措施，以保证事件得以有效处理。

（2）抓住关键

抓住关键和主要矛盾是处理问题的根本。抓住关键，处理危机和紧急事件就有了主动权和获得全胜的要件。对于关键问题必须周密部署实施方案，集中优势力量攻坚克难。同时，要抓住薄弱环节和关键部位，全力解决。最后，找准突破口。抓关键环节，有时需从关键部位入手，单刀直入；有时则要从其他部位入手，迂回作战。突破口找得准，首要问题解决了，便可向纵向发展，获得更大成果。

（3）圆满善后

善后也是危机事件处理的重要组成部分。只有善后工作做得好，事件才能得以最终圆满解决。一要找出工作中的缺陷和问题，制定相应措施从根本上予以改进。对于那些条件不具备而无法及时进行改进的，要向大家说明情况，并制定可行的改进计划，逐步实施。二要充分调动大家的积极性，做好思想工作，团结、稳定住大多数。三要总结经验和教训，努力消除不安定因素，避免再出现同样的问题。

要点提示

1. 妥善预防和正确处理危机的能力是领导者不可或缺的重要能力之一；
2. 优秀的领导者在危机面前总能保持镇定、稳重、平静的姿态；
3. 当突发事件突然袭来时，领导者务必要保持清醒的头脑，做出准确无误的判断。

案例分析

李想在面对复杂多变的局面和危机时，可从以下几个方面入手解决：

一要从自身入手，正视企业的竞争对手，冷静客观地分析自身和对方的优劣势，制定合理的应对方案。新电改政策下，售电公司除了售电、代理购电交易等相关业务外，为了吸引更多的客户，还会提供能源管理等服务，这无疑对传统电网企业造成不小的冲击。面对售电公司的强势竞争，Z公司要探索业务新模式，创造盈利增长点。例如，可以推广应用"网上国网"，实现全业务网上办理；培育新兴业务，优化完善智慧车联网平台功能，积极抢占优质充电市场。加快发展金融科技业务，深化电力大数据征信应用，拓展供应链金融业务范围，等等。同时与用户建立良好的沟通，鼓励员工深入电力用户，取得他们的信任、理解与支持，增强用户认可度，保证用户黏性，为提供优质服务打下坚实的基础。

二要对已造成的大面积停电事件采取一系列有效措施，争取得到政府、社会舆论和广大用户的充分理解和支持。一方面，要诚实不欺骗，在故障发生后可以通过召开新闻发布会的方式立刻向公众说明真相和故障的原因，在确定补救措施后，将故障抢修情况、系统故障下应急方案及处理措施、预计修复时间等信息告知社会。另一方面，不定期地将抢修现场情况及如何日夜加班克服困难向公众进行报道，使得公众认为Z公司是一家可以信赖的企业。同时，要勇敢地为事故道歉，承担起应付的责任。

三要做好新闻媒体负面报道的应对和管控。完善信息传播体系，正面回应，把握好舆论，引导主动权，避免新闻媒体负面报道的大范围传播。一方面，完善自身信息传播体系，引导舆论，传递正面的信息。另一方面，加强负面信息监测，跟进并妥善处置，尽量降低负面影响程度，可利用舆情监测软件进行全媒体平台实时监控，自动预警负面信息，跟踪负面信息传播途径，分析传播趋势，为企业应对方案的制定提供参考数据。

第二部分　团队管理能力

👉 **培训目标**

◆**知识目标**

1. 了解团队的定义及优秀团队的要素；

2. 了解贝尔宾团队角色理论；

3. 理解责任能力模型；

4. 认识团队激励法则。

◆**能力目标**

1. 能够用团队角色理论构建优秀团队；

2. 正确指导团队成员；

3. 掌握六种思考帽方法，解决团队冲突。

第一讲 认知团队

公司下半年要出台新的物资管理办法，上半年需要对物资进行一次全面盘点，这个任务交给了公司副总工程师关总。X公司物资管理一直比较混乱，因为涉及部门较多，协调难度很大，关总需要组建一个跨部门的团队来开展工作。首先关总组织各部门主任开会，说明工作的目标和内容，希望各部门推荐合适的人选。一周之后，关总的团队成形了。

团队成员：

唐主任——物资中心副主任，四十出头，有名的"一根筋"，为人正派，给人的感觉就是一身正气，非常耿直，坚持原则，座右铭是"干净，诚实，无畏，团结"。在工作中，他坚持原则，和同事之间的距离并不密切。这次的任务属于他的本职工作，可以预见他很可能是团队中最为尽心尽责的一员。

孙工——物资中心专责，一直从事物资工作，跟物资相关的工作无不精通，是公司的专业专家。尽管已经三十六岁，但孙工却很孩子气，平时非常活泼开朗，爱开玩笑，和同事们相处得很融洽。由于业务精通，孙工在工作场合有时候还比较倔，一言不合就会直接顶撞上司。另外，偶尔还会显示出脾气暴躁的一面，尤其是生气的时候，大家一般不怎么敢惹他，工作场合偶尔被他恶作剧地开个玩笑也不怎么计较。碍于他的专家能力，即使是直属领导，平时也给他几分薄面。

对于孙工，关总是有印象的，不过不是好印象。前年的时候，有人找到公司大哭大闹，说是孙工打伤了自己的女朋友，要求公司教育处理。清官难断家务事，况且，女孩自己没有露面，且两人也没分手，公司只是对他进行了批评教育。这件事在公司造成了很大的影响，所以关总对孙工个人是有看法的，但是要做好这项工作，不得不依靠他的专业能力，也就只好将他纳入团队了。

朱工——运检部负责物资相关工作的专工，心宽体胖，成天乐呵呵的，在公司人缘比较好，因为嘴甜讨人喜欢，善于沟通、调节氛围，是一个开心果。但是对待工作，就完全取决于他的心情，想好好做的时候，业务能力很强；不想好好做的时候，偷奸耍滑的本领也是让人刮目的。选择朱工进入团队，也是犹豫了很久才做出的决定。朱工是运检部最了解物资的人，可以说这个团队没他不行，但是他能否认真对待这项工作，发挥出应有的作用，关总心里是拿不准的。

沙工——营销部对口的专工，是一个比较木讷的人，平时沉默寡言，属于踏踏实实干活型的员工，领导交代到哪一步就干到哪一步，因之前工作上一个小失误，加上自己不懂得积极表现，一直没有升迁机会，变得更加沉默寡言，谨小慎微。后来工作上再没出什么错误，但是也没有出彩的地方，缺乏创新思维，在公司是一个极其容易被忽略的角色。这次被推荐来，一方面是营销部很多工作都把他边缘化了；另一方面，营销部主任私下跟关总说，如果这次沙工表现比较好，也可以是个很好的进步机会。

初步团队明确了以后，关总根据工作内容，列了一个初步的工作计划。计划包括，首先出一个各部门物资梳理方案，各部门根据对应的方案进行物资梳理。这一步的难点是跨部门的沟通协作。之后，在各部门梳理的基础上，编订一个全公司适用的物资管理办法。在征得领导同意后，将办法和各部门沟通，确认没有问题后，在全公司进行宣贯。各部门按照新的管理办法，进行物资的梳理和新的流程的实施。过程中需要监督工作的质量。

案例思考

关总的团队成员都担当了哪些团队角色？
如果您是关总，团队要如何分工配合呢？

知识进阶

一、团队的定义

团队的解释各有不同，这里把团队定义为：团队（Team）是由员工（即基层人员）和管理者（管理层人员）组成的一个共同体，它可以合理利用每个成员的知识和技能，共同合作。团队成员有共同的目标，可以共同解决问题，分担责任，分享荣誉和耻辱。在团队发展过程中，团队通过长期学习、整合、调整和创新，形成一个积极、高效、合作和创新的团体。

管理学家斯蒂芬·P·罗宾斯认为：团队是由两个或多个相互作用、相互依存的个体组成的组织，这些个体通过某些特定目标的规则绑定在一起。

团队（TEAM）

- Together　一起
- Everyone　每个人
- Achieve　获得
- More　更多

团队的特点：

1. 团队以目标为导向；
2. 团队以协作为基础；
3. 团队需要共同的规范和方法；
4. 团队成员在技术或技能上形成互补。

团队有几个重要的构成要素，总结为5P。

1. 目标（Purpose）

对于任何团队和组织来说，都应该有一个既定的、明确的目标。目标是一个团队存在的关键，为团队成员导航。没有目标的团队，团队成员失去了工作的热情和方向，这样的团队便无存在价值。明确的团队目标需要包括几个要素，首先团队的目标必须与组织的目标一致，这样的团队产出的成果才能与组织要求一致。此外，团队的目标还需要团队成员达成共识，而后对目标进行分解，给每位团队成员布置小目标。同时，要切合实际，目标的设定必须建立在客观实际的基础上，考虑组织的基本情况和团队的能力。并且目标还应该进行传播，传播要有效有力，可以让组织也知晓这些目标，这样能够给予团队成员一定压力和动力，或者清楚地贴上目标，如制作横幅以激励每个人为此目标而努力。

2. 人（People）

人是构成团队最核心的力量，所谓"人心齐，泰山移"，真正的团队要的不是人多，而是每个人都为团队达到目标发挥作用，两个（包含两个）以上的人就可以构成团队。团队的所有目标成果是通过团队成员即人而具体实现的，于是团队成员的构成对于团队是极其重要的。当一个团队成立时，需要考虑成员的业务能力，技能水平是否具有不同的优势、人员经验、人格因素等。一个团队需要不同类型的人通过分工来达到目标，需要有人给出想法，有人制定实施方案，有人发挥自己的业务优势钻研课题，有人进行协调对外联络，还有人严格把控进展，评价最终的贡献。

3. 定位（Place）

团队的定位包含两层意思：

一是团队的定位，即团队在组织中的定位。团队为组织起到了什么作用，处于什么位置？选择和决定团队成员的人是组织中的什么人？团队最终应对谁负责？团队采取什么方式激励下属？

二是个体的定位，每一个团队成员需要十分清楚个人在团队中的责任分工，扮演什么角色？是订计划还是具体实施或评估？

4. 权限（Power）

团队的权限应该与团队的特质和发展阶段相关，团队成员的权限分配在团队管理中十分重要。作为团队领导者来说，一般在团队发展的初期阶段领导权是相对比较集中，此时团队较小领导者权力集中更有利于效率的提高；而随着团队的成熟，领导者的力量也相应变小，这样有利于团队的长远发展。团队权限关系的两个方面：

（1）团队在其所在的组织当中的定位以及其所有的权限。团队本身拥有什么样的决定权，团队为了达到团队目标和组织目标需要什么样的权限？如在财务、信息、人事等方面的权限。

（2）团队的权限与组织的基本特征息息相关。组织的规模、团队在组织中的定位、团队数量和业务质量以及组织对团队的授权程度。

5.计划（Plan）

计划的两层含义：

（1）能够将计划理解为目标的具体工作程序，即为了达到团队目标，团队成员需要如何实施，运用什么策略，采取什么步骤以达到所需效果的一系列具体行动方案。

（2）计划可以预先估计进度，是团队按时完成目标的重要保障。只有完整的计划，才有团队顺利进行的行动，团队才能够逐步贴近目标，最终实现团队目标。

二、优秀团队的要素

世界上成功和优秀的团队都具有类型的特质、特点和要素，让我们一起了解一下优秀团队的七要素。

（1）明确的团队目标。目标是凝聚和激励的最佳方式。在为团队成员提供理想的平台和资源时，团队中的每个人都会自动而自发地去完成项目。对团队目标的认可是团队成员正向激励的基础，设定明确、合理的团队目标，可以帮助提升团队凝聚力和向心力。

（2）丰富的团队角色。优秀团队是由不同类型角色组成的。在组建团队时需要考虑如何将适合的人放到适合的位置。领导者需要充分了解团队成员的特点，让一个人做他最擅长的事情，团队优势互补。团队成员有了良好的心态和对任务的认同感，会使他从心里油然而生责任感，从而达到事半功倍的效果。

（3）良好的沟通。沟通是解决团队问题的好方法。在团队管理中，团队成员间的沟通方式和习惯会对沟通效果产生巨大的影响。在不同的组织和企业中，沟通的方式有非常大的区别。例如，如果要讨论意见，用什么方式最有效？最合适？团队最习惯的方式是什么？比如在项目开始前，是习惯开会、准备项目文件，还是喜欢用邮件或发文的正式方式？如果团队沟通出现问题或冲突，希望如何解决？慢慢地，这就形成了团队的沟通方式和习惯。

（4）有效授权。授权是指企业领导在业务经营者的指导和监督下，授予其部门和员工一定的权力，以独立确定和处理部门与部门的工作。授权形式可分为完全授权、授权不足、灵活授权和受限授权。在任何形式的授权中，明确的责任是基本前提。管理者应明确各级和岗位的权利和义务，不得超越授权级别，授权级别既不能委托给下属，也不能委托给他人代表下属。授权时，管理者应明确任务的性质、目标、范围、责任、时间和质量，并向公众公布；授权后，应给予下属使用授权完成任务的自由。同时，通过有效的控制方法，对授权对象进行检查、协调和监督。有效授权是组建团队的重要因素。只有通过有效的授权，才能确定成员之间的关系，形成良好的团队。

（5）共同的价值观和行为规范。一个团队也要有自己的团队文化，实际上是要求团队成员在完成项目期间要有共同的价值观和统一的行为规范。这与企业文化一致，可以指导每个人的行为。

（6）凝聚力与归属感。归属感是优秀团队非常重要的一个特征，当成员产生对团队的归属感，团队才能有凝聚力，有战斗力。这样，团队成员会自觉地维护团队，愿意为团队付出，不愿意离开团队。

（7）资源、信息、责任共享。优秀团队中资源信息应该是公开的，一个好的团队，就在于团队成员之间不存芥蒂、平等相待、共担责任，从而实现团队共同目标的资源、知识和信息可以及时传递给团队成员，以便每个人都可以分享经验和教训。

三、团队角色理论

英国组织行为学家、剑桥产业培训研究部前主任梅雷迪斯·贝尔宾博士（R.Meredith Belbin）和他的同事们经过两个为期九年的研究试验，提出了著名的贝尔宾团队角色理论，即一支结构合理的团队应该由八种角色组成，经过十二年的推广应用和修正，1993年修订为九种角色。贝尔宾团队角色理论是：高效的团队工作有赖于默契协作。每个成员都具有双重角色，即职能角色（Functional role）和团队角色（Team role）。团队成员必须清楚其他人所扮演的角色，个体与其他团队成员交互作用，了解如何相互弥补不足，发挥优势。成功的团队协作可以提高生产力，鼓舞士气，激发创新，并为团队目标做出贡献。这九种团队角色分别为：

1. 智多星PL（Plant）

智多星具有很强的创造性，是创新者和发明家。他们为团队的发展和完善出谋划策。通常他们才华横溢，富有想象力，更倾向于与其他团队成员保持距离，并充分发挥他们的个性，独立完成任务。他们对来自外部世界的批评和赞扬反应强烈，他们的想法是激进的，可能会忽视实施的可能性。

他们是独立、聪明和原创的，提供建议、批评和帮助导致反对意见。提出关于已形成的行动计划的新想法，但他们可能不善于与不同类的人沟通。

2. 外交家RI（Resource Investigator）

外交家，也被称为调查员，是一个充满激情，有行动力和外向的人。无论公司内外，他们都善于和人打交道。他们是消息灵通的，是天生的谈判者，善于探索新的机会，并有能力进行与人广泛的接触。虽然他们没有很多原创想法，但外交家在倾听和发展他人的想法方面非常高效。顾名思义，他们擅长挖掘可访问和使用的资源。由于他们性格外向，无论到哪里都受到热烈欢迎。

外交官很随和，很好奇，并且愿意在任何新事物中寻找潜在的可能性。 但是，如果没有其他人的持续激励，他们的热情很快就会消退。

3. 审议员ME（Monitor Evaluator）

审议员是严肃、小心、理性的人，先天不受过度热情的影响。他们往往会三思而后行。通常他们非常具有批判性思维。他们善于在考虑后做出明智的决定。具有代表特征的人做出的决定基本上没有错。

4. 协调者CO（Co-ordinator）

协调者最突出的特点是他们能够集中团队的力量，朝着一个共同的目标努力。他们成熟、值得信赖和自信。在人际交往中，他们能够通过利用他人来快速识别彼此的优势并实现团队目标。虽然协调者不一定是团队中最聪明的成员，但他们确实有远见，并且可以得到尊重。

5. 鞭策者SH（Shaper）

鞭策者（塑造者）是一个积极、充满活力、渴望实现的人。总的来说，他们很有侵略性、外向性和进取心。他们勇于挑战他人，并且关心最终是否胜利。他们喜欢领导和激励他人采取行动。当他们在行动中遇到困难时，他们会积极寻求解决方案。他们坚强而自信，对任何失望或挫折表现出强烈的情绪反应。

鞭策者对人际交往不敏感，爱争论，可能缺乏对人际交往的理解。这些特点使他们成为团队中最具竞争力的角色。

6. 凝聚者TW（Team worker）

凝聚者（协作者）是在团队中给予最大支持的成员。他们性格温和，擅长人际交往并关心他人。他们非常灵活，能够适应不同的环境和人。凝聚者具有观察力和沟通力。作为最好的听众，他们经常受到团队的欢迎。他们在工作中非常敏感，但在危机面前经常犹豫不决。

7. 执行者IMP（Implementer）

执行者是实用主义者，具有很强的自我控制和纪律性。他们更喜欢努力工作和系统地解决问题。从广义上讲，执行者通常是一个将自我利益和忠诚与团队联系在一起，很少关注个人愿望的人。

然而，执行者们似乎缺乏主动性，显得死板。

8. 完成者CF（Completer Finisher）

完成者是坚持不懈的、注重细节的。他们不太可能做任何他们认为不能做的事情。他们的动机是内心的焦虑，但表面上看起来很平静。一般来说，大多数完成者内向并且不需要太多的外部刺激或推动。他们无法容忍那些态度随意的人。完成者不喜欢委派，宁愿自己完成所有的工作。

9. 专业师SP（Specialist）

专业师对他们所获得的技能和知识非常关注和自豪。他们主要致力于保持他们的专业知识，并继续探索他们的专业知识。然而，由于专业师将大部分注意力集中在他们自己的领域，他们对其他领域知之甚少。最后，他们成为只在特定领域做出贡献的专家。但很少有人专心致志地学习，或成为一流的人才专家。

贝尔宾的团队角色理论认为，个人行为的优势可以创造一个和谐的团队，大大提高团队和个人的绩效。没有完美的个人，但有完美的团队。

四、积极面对团队的问题员工

"金无足赤，人无完人。"这句话的确是真理。我们必须承认，无论团队有多强大，团队成员永远不会是完美的。我们不得不遗憾的是，无论管理者多么公平和开放，团队中总会有不满意的人。要继续带领团队前进，就必须把重大危机扼杀在萌芽状态。因此，作为团队领导者，你必须学会如何处理"问题员工"。这是一个令人毛骨悚然的话题，但每个管理者都必须面对。

有些人认为，当我们组建一个团队时，我们应该清理源头，排除问题员工。然而，事实上，几乎所有的团队都会经历坎坷，并通过解决问题而成长。因此，管理者应该面对这样一个现实：团队并不完美，团队成员或多或少有问题，包括管理者自己。管理者应该学会如何面对和解决问题，这是保持团队长期稳定的好方法。

管理者要把团队成员当朋友，实现将心比心；并且做好倾听，先理解他人，才能更被人接受。作为管理者，要引导员工认识到无论生活还是工作都应该做好自己的本职，要树立培养团队成员的责任意识。

要点提示

1. 团队（Team）是由员工（即基层人员）和管理者（管理层人员）组成的一个共同体，它可以合理利用每个成员的知识和技能，共同合作。团队成员有共同的目标，可以共同解决问题，分担责任，分享荣誉和耻辱。在团队发展过程中，团队通过长期学习、整合、调整和创新，形成一个积极、高效、合作和创新的团体。

2. 优秀团队的七要素。

3. 贝尔宾团队角色理论是：高效的团队工作有赖于默契协作。每个成员都具有双重角色，即职能角色（Functional role）和团队角色（Team role）。团队成员必须清楚其他人所扮演的角色，个体与其他团队成员交互作用，了解如何相互弥补不足，发挥优势。成功的团队协作可以提高生产力，鼓舞士气，激发创新，并为团队目标做出贡献。

案例分析

唐主任的角色是团队的智多星和执行者，他既是物资中心主任，从事本职业务，又坚持原则，有很强的执行力。

孙工的角色是团队的专业师，他是物资工作专家。

朱工的角色是团队的外交家，性格外向能够和同事打成一片。

沙工的角色是完成者，他性格内向，不太会去做他们认为完成不了的任何事。管理者在给完成者布置工作时，需要充分了解完成者的业务能力，分配任务时需清晰明确，并注意沟通进度。

作为关总，要充分了解每一位团队成员的特点，人尽其用并回避员工存在的问题，在保证工作完成的同时增强团队的凝聚力。可以将专业问题交给唐主任负责，并将具体专业工作明确分配给沙工，将专业难度高的问题交由孙工，跨部门协调问题交于朱工。

第二讲　个人责任

团队按照计划进行工作的开展，一个月以后，看着项目实施得很顺利，关总松了一口气。就在物资管理办法初稿将要形成、上报领导的前夕，孙工突然消失了。在孙工消失的第三天，关总才知道，原来孙工又打了女朋友，这次被女朋友全家围困，女朋友亲属拦住不让他离开家，所以没有办法来上班。孙工是团队的骨干员工，这时候不能按时参加工作。这该怎么办呢？

案例思考

如果您是关总，会如何处理该问题？

知识进阶

一、责任担当

责任，是指履行自己的职责。责任感意味着人们总是有意识地或有意愿地在头脑中履行自己的职责。它是做好各项工作的前提条件。责任人要努力工作，认真细致，听从安排，不半途而废，能主动处理责任内外的相关工作，监督和不监督都能主动承担责任，不推卸责任。

二、责任能力模型

责任能力模型通过责任和能力两个维度，将企业中的员工分为四个象限的不同类型（红色为第一象限，逆时针排序第二、第三和第四象限）。

第一象限属于能力和责任意识都强的员工，这类员工不但有意愿把事情做好，做的过程中还有很好的责任心，且拥有较强的工作能力和工作经验。因此，这个象限的员工是企业的骨干，是管理者和领导诞生的摇篮，同时因为他们工作能力强、工作效果好，还非常值得信赖，所以也将获得更多的机会，成为企业的栋梁。

　　第三象限指的是工作能力差，且工作态度和责任意识也很差的这部分员工。他们的特点是，不仅没有能力做好工作，还不断地在企业内部发牢骚去影响其他人的工作热情，这些人会随着企业的不断进步与发展被逐步淘汰。

　　第四象限是指能力在现阶段还不够强、甚至是偏弱，但是工作的主动性、意愿性和责任感都非常高和非常强的员工。往往管理者面对这样积极的员工会给予更多的帮助、培训、指导、支持等，通过各种培养、辅导和锻炼，提升这个象限员工的能力，从而可以使他们尽早进入上面的第一象限，成为骨干。管理者给予他们学习的机会、进步的机会、成长的机会、发展的机会。这些机会更是通过这些员工的自己努力争取而来。尽管他们有能力的短板和弱项，但是他们在态度和责任层面表现出来更积极的一面和因素。因此，为自己赢得了宝贵的机会。

　　第二象限员工的特点是能力超强，但是缺乏责任意识，往往工作态度也不够积极。优秀和睿智的管理者对于第二象限的员工通常采取的管理方式就是"限制使用"。为什么会限制呢？因为，第二象限的员工能力超强，如果他态度积极愿意承担责任，那么他可以帮助团队或组织取得成功（更好的成绩），但是如果过程中他态度消极、或是缺乏责任，团队或组织也会因为他而功亏一篑，吞下失败的苦果。因此，任何一个优秀和睿智的管理者，都不会把自己的团队或组织的成败，赌在一个人的一念之差上。所以，最佳的方式就是限制使用，不给你发挥的空间和余地，虽然可能无法发挥其能力的优势，但是也不会因此而招致失败的苦果。

　　第二象限被限制的，就是他最引以为豪的能力，而他失去的将是他最想得到的机会。而机会管理者给了谁呢？给的是刚才我们分析的第四象限的员工。因此，第二象限的员工就会有这样的一种心态，凭什么我的能力比他（第四象限）强，凭什么给他机会而不给我机会呢？理由其实很简单，因为给第四象限员工机会，假以时日他们的能力得到提升就一定会进入第一象限成为骨干、成为栋梁。而第二象限呢，给你机会，你依然有可能会因为你的个人主观态度不积极、或缺乏责任意识，导致一件简单的小事也能做出问题。管理追求的是结果导向，管理者一定会把机会给能产出结果，特别是产出优良结果的事情和人，因为这就是管理的必然结果。

那么第二象限是否就没有机会了呢？当然不是，机会永远掌握在自己的手中。第四象限的机会，是通过自己的积极表现和责任担当为自己争取来的。当然第二象限也可以为自己争取机会，如果他们能理解自己的能力只有和团队或组织的目标相匹配，通过为团队和组织做出贡献、创造价值，这时候就是为自己争取到了机会，也是自己主动从第二象限向第一象限跨越。

我们一起总结一下责任能力模型后就不难发现，企业中，各类型员工都拥有不同的发展机会，能力强的人机会在自己手中，要有转变的是积极的心态和责任意识，能力差的员工更需要积极的心态和责任感来为自己赢得学习、进步、成长的机会。只有两者都强了，才能真正成为企业的人才，才能发挥自己的优势与特点。

三、做敢于担当责任的人

敢做：就是脚踏实地，实现自己的抱负。敢当：就是敢于承担责任，永远不要在对与错面前推诿。如果你有一个想法并付诸行动，就必须敢于接受与之相关的问题。从责任能力模型我们学习到，一定要做一个敢于主动承担责任的人，因为与其消极地找借口解释，不如更积极地找方法去解决问题，强者的优势往往体现在对责任的担当，弱者更多是在为自己逃避责任而寻找开脱的借口。责任可以使一个人从平凡走到卓越。

要点提示

1. 责任能力模型通过责任和能力两个维度，将企业中的员工分为四个象限的不同类型；

2. 团队成员需要做敢于担当责任的人。

案例分析：个人在职场和生活中的核心竞争力之一就是责任担当。没有责任担当，生活中很难赢得尊重和认可（孙工生活中的打人行为，是极其不负责任的行为表现），而工作中如果缺乏责任意识和担当，将失去更多的职业发展机会。

关总需快速与孙工取得直接联系，了解情况并说明项目的重要性与其个人发展的利害关系，并劝其返回单位。如果能和孙工的女朋友取得联系，可以进行疏导劝解。

第三讲 团队冲突

情景案例1

解决了孙工的问题，项目正常进行，按计划完成应该不成问题。但关总在一次例行检查的时候，无意中发现，朱工负责的部分，第三阶段的工作根本没有按要求和计划进行，这样下去很快他就会拖累整个团队，影响整个项目的进度。关总还没来得及批评朱工，他就开始抱怨最近工作太辛苦，露出一脸倦容。他诚恳地与关总沟通，希望申请点项目经费，大家周末一起去团建，放松一下，毕竟这段时间大家都这么辛苦，而且大家都是这么想的。

案例思考

如果您是关总，会如何回答？
对朱工负责的工作出现的问题，会怎样处理？

情景案例2

经过团队的共同努力，项目终于进入收尾阶段。这时出现了一个关键问题，在解决方案上唐主任和孙工的看法出现了分歧，唐主任坚持要求按照原则和规章制度、工作流程来办，但是这样耗时耗力，且不能按照计划完成项目的收尾工作，孙工提出了一个灵活解决的办法，可以迅速处理好这个问题保证项目按时完成，但是这个解决方法虽不能说违规，但也确实是没有采用过的方法，是否有风险大家一时都无法确定。一个是业务专家，另一个是坚持原则的部门领导，二人争执不下，一时项目陷入停滞状态。

案例思考

如果您是关总，会如何处理？

知识进阶

一、化解团队成员的抱怨

面对团队成员的抱怨，首先从积极的角度，肯定员工从团队氛围和成员心态的角度，提出积极的建议。要有敏感度和洞察力发现团队成员的不满或消极的预兆和先兆，并加以积极引导、疏导。其次，对员工抱怨的问题给予及时积极的反应，不逃避、不推脱，多从解决问题的角度带领员工共同思考，而不是证明问题的存在。最后，面对员工在工作中表现不佳或是工作中出现的问题，耐心、细致地有效指导，达到改进、提升工作成果的目标。

二、批评指导团队成员

在遇到团队成员工作出现问题需要批评的时候，可以利用八步法原则进行应用。第一步澄清事实：以事实为基础把成员所出现的问题以及对团队、项目产生的影响阐释清楚；第二步沟通场景：进行私下批评，注意沟通的场合，留面子、给台阶；第三步肯定过往：肯定、表扬过往功绩，传递对成员本身能力、素质的认同；第四步就事论事：客观地说明问题，不做人身攻击，不翻旧账；第五步剖析后果：深刻分析问题后果的严重性；第六步指导方法：指导正确的工作方法，将信息资源以及过往的管理经验正确传递；第七步积极调动：调动其工作的主观能动性；第八步传递信任：用肢体语言或语言传递依旧信任。

三、六顶思考帽

团队冲突会产生消极性、突发性、侵略性、宣泄性四大问题。其中消极性会带来团队消极、涣散的负面影响；突发性一般难于预测，会突然爆发；侵略性是指团队成员有战胜和压倒对方的心态；宣泄性更多表现为情绪性的和经验性的发泄。

所以要引用新的思维方式，从而有效解决团队冲突。德博诺博士的六顶思考帽的思维方式，可以通过平行思维避免对抗性思维，在同一时段内用同样的思维方式思考，激发团队成员创造和创新能力，为问题的解决找到更好的方案。

六顶思考帽代表着六种思维功能，不同颜色的帽子代表不同的思考规则。六顶思考帽可以作为平行思维工具、创新思维工具、人际交流操作框架，以及为提高团队智能提供有效解决方案。

白色思考帽（信息帽，处理信息的功能）：白色是中立而客观的。当人们戴上了白色的思考帽，就要思考着如何关注客观事实和数据。

绿色思考帽（创意帽，创造解决问题的方法和思路的功能）：绿色代表青草，象征活力。绿色思考帽象征着创造力和想象力。创造性思维，头脑风暴，思维差异等功能。

黄色思考帽（乐观帽，识别事物的积极因素的功能）：黄色代表价值与肯定。戴着黄色思考帽，人们积极思考，表达乐观、充满希望、建设性的观点。

黑色思考帽（谨慎帽，发现事物的负面因素的功能）：戴着黑色的思考帽，人们可以用消极的、怀疑的、质疑的观点进行逻辑上的批判，表达内心的否定意见，找出逻辑上的错误。

红色思考帽（情感帽，形成观点和感觉的功能）：红色是情感的色彩。戴上红色思考帽，人们可以表达自己的情感，也可以表达自己的直觉、情感、预感等方面的观点。

蓝色思考帽（指挥帽，指挥其他帽子，管理整个思维进程）：蓝色思考帽负责控制和调节思维过程。负责控制思维定势的顺序，规划和管理思维过程，并得出结论。

要点提示

1. 在遇到团队成员工作出现问题需要批评的时候，可以利用八步法原则进行应用；

2. 六顶思考帽的思维方式，可以通过平行思维避免对抗性思维，在同一时段内用同样的思维方式思考，激发团队成员创造和创新能力，为问题的解决找到更好的方案。

案例分析

情景案例1：关总首先需要肯定这段时间朱工和团队成员们在项目中的辛勤付出，予以积极的回应，化解抱怨。其次，再用八步法进行批评指导。首先用私下谈心的方式阐述项目的重要性，并指出朱工耽误进度的行为对团队的影响；而后肯定过往，充分认同他对团队做出的贡献，以及这段时间付出的辛苦劳动；接下来剖析他的耽搁对项目和团队其他成员的不良影响和可能造成的严重后果；最后与他一同剖析第三阶段工作的难点并找到解决方案，积极引导他按时完成，并传递信任。

情景案例2：可以应用六项思考帽方法分别应用两次该步骤，分别对唐主任和孙工的解决方法进行思考、梳理、并寻找解决的方案，以平衡团队冲突。首先通过沟通引导，让坚持规则的唐主任戴上代表创意的绿色思考帽，鼓励其用创造的方式找到能够保证项目按时收尾的解决方案；同时让灵活思考的孙工戴上谨慎思维的黑色思考帽，考虑其灵活解决方案的风险因素。当二者使用和原先不同的思考方式来考虑问题并得到一定结论之后，便能够充分理解问题的多面情况，团队冲突暂时缓和。第二轮则需要让唐主任与孙工戴上黄色思考帽，在充分考虑项目方案双面性的同时，积极提出建设性意见，而让团队的朱工、沙工戴上中立的白色思考帽，关总自身戴上蓝色智慧帽，然后综合性考虑，两个方法是否可以同各自的优势整合成一个更具可实施性和保障效果的方案。

第四讲　团队激励

经过大家一段时间的努力，项目终于完成。在庆功宴上，大家都兴高采烈地聊着最近一段时间的工作趣事。只有沙工一个人默不作声。在项目进行的过程中，大家的工作都有可圈可点的地方，只有沙工的工作表现得平淡无奇，但是关总知道，沙工踏踏实实做了很多工作，甚至主动承担了一些本不是他的工作，对团队有着重要的贡献，没有存在感只是他的性格使然。关总很想帮他一把，让大家、尤其是他自己看到自身的价值。

如果您是关总，会如何做？

一、充分肯定优秀的工作成果

根据团队成员负责的具体工作，以优异的工作成果为导向鼓励表扬团队成员。在团队管理的过程中，不仅要满足团队成员的物质需要给予金钱、绩效奖励，也需要同时满足团队成员的精神需要，必须满足他们的价值观，并给予他们社会的肯定。

精神激励的方式在众多优秀企业的管理中都得到了充分运用。美国著名管理者、钢铁大王选拔的第一任总裁史考伯说过："我所拥有的最大资产就是我能够鼓舞员工的能力，我喜欢赞赏和鼓励，我乐于称赞，讨厌挑错。"著名的心理学家威廉·詹姆斯曾写过，每个人本性中的最深刻渴求就是获得咱们，这是人类的本能欲望，也是衡量一个人社会价值的标尺。

所以在企业中、在团队中，当成员有所付出并取得成果时，往往渴望别人，特别是领导者的尊重和认可。对于管理者来说，对某个人在团队中的成绩，千万别忘了利用机会予以肯定。如果某人做得很好则应适时赞许；同时当希望他做得更好的时候，赞许也是激励他朝着正确方向前行的重要动力。

1. 榜样激励，树立员工行为规范。在任何组织中，管理者都是下属的镜子。可以说人们只需要看看组织的管理者如何对待他们的工作，他们就能理解整个组织的工作态度。"表不正，不可求直影。"为了让员工充满激情地工作，管理者们必须首先有所表现。领导者是员工模仿的对象，在激励他人之前，他们应该先激励自己。为了使下属高效，你不能低效。

2. 目标激励，激励员工不断前进。人的行为是有动机的，并指向某个目标。这种激励是行为的一种诱因，是行为的驱动力，对人们的活动具有很强的激励作用。在设定目标时，管理者应该具体明确。目标应该具体，这样才能有效地诱导、引导和激励员工的行为，激发员工的积极性。带领全体员工实现共同目标，把握"跳跃、达成"的原则，平衡长期目标和短期任务，让员工对自己的未来充满信心！

3. 授权激励，责任重大的人更有动力。有效授权是一项重要的管理技能。不管领导有多能干，都不可能接管所有的工作，这只能降低管理效率，减缓下属的成长。管理者不应成为公司的"管家"，手中的权力只是一个死物，通过授权，管理者可以提高自己和下属的工作能力，也可以大大激发下属的积极性和主人翁精神。

4. 尊重激励，给人尊严远胜过给人金钱。尊重是最人道和最有效的激励措施之一。通过尊重和重视员工来激励员工远比物质激励更持久和更有效。尊重是一种有效的零成本激励，比任何其他激励成本更低、效果更好。地位越高，就越不能自大，不要总是带着一副官腔，尊重人格是保护个人创造的。

5. 沟通激励，下属的干劲是"谈"出来的。管理者与下属保持良好的关系，对调动下属的积极性和激励下属积极为企业工作起到了特殊的作用。而建立这样一个良好的上下级关系的前提是最重要的一点，即有效的沟通。沟通的重点不是说，而是倾听。可以说，沟通对于管理者来说就像水之于游鱼，大气之于飞鸟。沟通带来理解，理解带来合作。建立健全内部沟通机制，消除沟通障碍，确保信息共享，引导团队成员充分沟通。

6. 信任激励，是诱导他人意志行为的良方。领导与员工之间应该要肝胆相照。信任是动机的引擎，事实上，管理者在哪方面信任员工，就会勾勒出他的意志行为的方向和轨迹。因此，信任已成为激励和诱导他人意志行为的重要途径。而管理是不是要激发他人的意志来诱导行为？毫无疑问，利用人来驱动人是基本的方法，要充分信任企业的骨干，切断自己对下属怀疑的后路。

7. 宽容和鼓励，心胸开阔会让人甘心效力。宽容是一种管理艺术，也是激励员工的有效方式。管理者应该能够容忍人们的缺点并发挥他们的优势。他们的宽容品质不仅能让员工感到安全，而且能鼓励员工进行自我反省、自律和自我完善，使他们愿意以感人的方式为企业服务。宽容是领导的前提。它给差事的下属一个改正错误的机会，更容易征服理性和慷慨的下属。

8. 赞美激励，是一种奇妙的零成本激励。我们都渴望成为"重要人物"，我们都渴望得到赞扬和认可。赞扬是一个非常有效和令人难以置信的动力。它给人们一种积极的能量，可以极大地激发人们对事物的热情。通过表扬成员，管理者会得到比他们所给予的更多的东西。最激动人心的激励是赞美，"高帽子"仍在塑造人，用欣赏的眼光去寻找下属的闪光点，赞美到点上也会有很好的效果。

9. 情感激励，使下属在感动中打拼。领导者的成功不在于是否有人为你而战，而是某人是否愿意为你而战。一个关怀的行为、一些情绪化的言语、几滴伤心的泪水，可能比物质奖励更令人感动。感情如柔水，却能无坚不摧。通过支持自己的下属，他会更加忠诚；愿意主动支持"看好"的下属，不能错过帮助的机会。

10. 竞争激励，是组织活力的无形纽带。人都有争强好胜的心理。团队内部需要良性的竞争机制，因为这是一种积极、健康、向上的引导和激励。竞争可以迅速有效地鼓舞士气。管理者设置挑战阶段，让下属各司其职，充分调动员工的积极性、主动性、创造性和追求卓越的意识，全面提升组织活力。

11. 惩戒激励，不得不为的反面激励方式。无规矩，不成方圆。惩罚的作用不仅教育了犯错的本人，而且让他人引以为戒，通过适当的外部压力使他们有逃避感。虽然惩罚是一种消极的激励，但必须做到这一点。因为"怀柔"不能解决一切问题，惩罚与"怀柔"结合起来更具有激励性。坚持"惩罚分明，不避亲人"的原则，以惩恶扬善为原则。

二、恰到好处地"扣高帽"

在团队工作顺利完成，并取得较好的工作成果时，可以通过给成员"戴高帽子"，赢得团队成员的好感和信任，同时也要注意适度性、间接性、新颖性和准确性。

常言道："十句好话能成事，一句坏话事不成。"每个人都喜欢"戴高帽子"，每个人都喜欢听到赞美，这是人们的共同心理。一句适时的恭维话一定会让人振奋，赢得他们的信任和善意。

作为一名团队管理者，正确地"戴高帽子"可以给改善与下属的人际关系带来意想不到的好处，有力地赢得下属的青睐和信任；更重要的是，它可以给那些不那么自信的下属以极大的鼓励。让他们精力充沛，有信心完成领导交给他们的任务。

玛丽凯经营着一家国际知名的化妆品公司。玛丽凯倡导的以人为本的管理风格中，提到了高帽艺术。有一次，公司跳槽的新业务员在经营营销中屡屡失败，几乎失去了对自己营销技能的全部信心。当玛丽凯发现这件事时，她转向她的营销人员说："我的前老板告诉我你是一个很有进取心的年轻人。"他认为让你走对他的公司是一个巨大的损失。这些话重新点燃了年轻人心中垂死的希望之火。诚然，在冷静地研究和分析市场之后，这个年轻人终于打消了营销工作的念头。这是一个成功。玛丽凯从来没有和她以前的老板谈过话，但她通过称赞这顶帽子，神奇地恢复了推销员的自尊心、以及失去了的自信。为了维护荣誉和尊严，他终于背水一战，最后以胜利再次增强了他的自信心。

团队管理中最重要的不是那种虚伪的奉承。在某种程度上，如果团队领导能够使用高帽子，它将使员工重新评价自己，建立一个自信的自我。

表扬能改变一个人，会使先进更先进，落后变先进，能有效地激励员工，表扬是激励人们奋起的最好动力。人的生活离不开赞扬。那些被自卑感压倒的人，那些谨慎、多疑的人，往往是因为童年时缺乏表扬。赞美就像阳光照在人的灵魂上，没有它，人就不能开花和结果。

不要认为没有必要表扬员工。如果团队领导善于发现员工的闪光点并表扬他们，他们就能有效地激励员工为企业工作。同时，领导也会感受到生命的祝福。员工的辛勤工作使领导者能够收获成功的果实。

三、及时抚慰需要鼓励的员工

及时发现内向、失落型成员（如：能力平庸型或基础工作型员工），表达肯定、传递信任，认同其工作态度和成果的重要性、以及对团队其他成员和其他工作的基石作用。

四、给团队成员以成就价值感

让团队每个成员感觉到在团队中的积极作用和不可替代性，通过优异的工作成果驱动每位成员的成就感，认同自身和团队其他成员的价值及团队的意义所在。

要点提示

1. 需要充分肯定员工成果，采用精神激励法；
2. 要恰到好处地"扣高帽"，并及时抚慰需要鼓励的员工；
3. 赋予团队成员成就价值感。

案例分析

在庆功宴上，关总可以单独和沙工敞开心扉，充分肯定他的工作成果，并从项目中的具体细节举例，有理有据地赞扬沙工的贡献并肯定他的优点。也可以单独公开发言，在充分肯定团队成果和凝聚力的同时，逐个赞扬团队成员和他们的贡献，最后点到为团队默默付出的沙工。

第三部分　沟通与协调能力

👉 **培训目标**

◆ **知识目标**

　　1. 了解沟通的内涵和三要素；

　　2. 了解人际沟通风格；

　　3. 了解工作类型维度。

◆ **能力目标**

　　1. 掌握人际沟通技巧；

　　2. 掌握企业内部沟通规则。

第一讲　认知沟通

情景案例

　　人资部某处主管赵爽，人如其人，性格比较直爽，平时和同事们说话不怎么注意方式，同事们也都知道她有口无心，所以也都无所谓，平时在办公室人缘也挺好。

　　昨天，领导给赵爽交代了一个紧急任务，要她上报一个跟人均劳产率相关的报表。本来不是多难的一件事，是赵爽的本职工作，但是自从今年公司出台了许多新的规定，公司资产运营方面的数据产生了比较大的变化，因此相关数据需要重新核定。赵爽发现报表里需要填的一些数据，得找财务提供。今天上班后，赵爽惦记着还有很多其他工作要做，不想在这项工作上浪费太多时间，但是因为人资部主任直接派给她的，所以要抓紧时间完成。

　　赵爽翻开公司的通讯录，给财务部某主管的刘萍打电话，这次需要的数据是刘萍直接掌管的，她虽然和刘萍不熟悉，但是平时也见过，刘萍比她大几岁，所以赵爽觉得找刘萍应该没问题。电话响了四五声，那边才接电话，赵爽有点急躁，电话一接通就抓紧时间讲自己的诉求。

　　赵爽："喂，我是赵爽，我们这边要做一个表格，你把财务那个某某表发给我一份，我着急用，现在就发吧，最迟今天中午吃饭前发给我。"让赵爽万万没想到的是，那边态度十分不悦！

　　刘萍："你谁啊你？你哪个部门的啊？你不知道我正在忙吗！财务的表你说要就要啊？找你们主任去！"说完，"啪"的一声把电话挂了。

　　赵爽一下子懵了，难道我打错电话了？又核对了通讯录，没有错啊，这是刘萍啊，怎么态度这么不好。这都是同事，抬头不见低头见的，以后见面多尴尬啊！赵爽心里有点不太舒服，这是故意为难我吗？不过是要提供个数据，至于这么摆谱吗？

案例思考

赵爽的电话沟通存在哪些问题？如果你是赵爽，打这个电话时应该怎么说？

知识进阶

古语有云："一言兴邦，一言丧邦。"中国古代历史中，诸葛亮舌战群儒，苏秦、张仪等纵横家，通过游说诸侯改变战国格局，这些历史事实名传千古。现代社会中，斯坦福大学在调研了11000名成功人士后发现：一个人的收入只有12.5%由他的知识决定，87.5%由其沟通和人际关系的能力决定。卡耐基基金做过一个为期五年的研究，结果表明：一个人成功的原因15%取决于他的知识，85%取决于他的沟通及人际交往能力。全球第一CEO杰克韦尔奇也说，70%的管理都是通过沟通实现的，我每天80%的时间用于与不同的人谈话。

这些历史故事和研究结果都表明沟通无论对个人还是社会都十分重要。

一、沟通的定义与本质

沟通是人与人之间、人与群体之间通过语言、文字、形态、眼神、手势等手段进行信息、思想与情感传递和反馈的过程。良好的沟通可以帮助人们更加通畅地表达情感，更加高效地就某一件事达成一致。善于沟通的人知道如何维持和改善关系，更好地展示自己的需要、发现他人的需要，最终赢得更好的人际关系和成功的职业生涯。

沟通是一种人与人之间传播交流信息的方式。大多数的沟通问题并不在于双方观点存在分歧，而是沟通者们常常带着一种说服、影响、甚至主导对方的目的去交流，这种将观点"强加于人"的姿态是不可能实现有效沟通的。只有建立在彼此分享，的基础上，主动迎接对方的观点，才能实现有效沟通。因此，沟通的本质在于分享而不是苛求他人接受自己的观点。

二、沟通的类型

1. 语言沟通与非语言沟通

依据不同的信息载体，沟通可分为两种类型：语言沟通和非语言沟通。
语言沟通是指我们通过话语传递信息，主要包括口头和书面两种方式。口头沟通包括交谈、演讲、开会、唱歌等；书面沟通包括计划、总结、报告、请示、邮件、微信等。

交谈是最常用的语言沟通方式之一，指一方或者双方为着某一目的，以对话的方式，相互进行思想、感情、信息交流的活动过程。这一过程主要包括启动、进行、结束三个阶段。

首先是启动阶段。与人交谈能够顺利开展并最终达到目的的首要关键就是有一个好的开始。我们与人交谈，从陌生到认识，寒暄就是最好的序幕。我们在寒暄时需要注意：一是态度要真诚，语言要得体，言必由衷，为彼此的交谈营造和谐的气氛。二是要注意对象，对不同的人应使用不同的寒暄语，注意男女有别、长幼有序。三是要注意场合，在不同的地方应使用不同的寒暄语。比如：拜访前辈或者上级时可以谦和地说"打扰您了"，接待宾客来访时可以热情地说"欢迎"。

其次是进行阶段。在这一阶段，要由寒暄自然地转入正式话题。可以多用开放型提问的方法，询问对方可以叙述的问题，让对方有更多的发展空间，而不是仅仅回答"是"与"否"。例如："你还有问题么？"可转换为"你有什么问题呢？"，"你满意你的工作么？"可转换为"你满意你工作的哪些方面呢？"。在交谈进行中要多用口语，语言不要过于雕琢、咬文嚼字。一个高水平的沟通者并不需要使用过多华丽文雅的词语，关键在于能够准确、快速地传达信息，有时过分修饰反而达不到预期目的的。

最后是结束阶段。一次氛围很好的交谈，想达到"听君一席话，胜读十年书"之效，就需要有一个好的结尾。结束谈话时应该注意：不要在双方热烈讨论某个问题时突然结束交谈；不要勉强将话拖长，当察觉谈话内容已渐渐枯竭时，就要立刻道别；要小心体会对方的暗示，注意对方开始使用"身体语言"做出希望谈话快些结束的暗示。例如，有意看一下手表，或不停地改变坐姿，这时最好立即结束交谈。

非语言沟通是指不通过话语，而通过语调语气、面部表情、肢体动作等传递信息。人类学家雷·博威斯特（Ray Birdwhistell）发现：在一次面对面的交流中，只有不超过35%的信息量是通过语言传递的，而非语言交流方式完成了剩下超过65%的信息传递。所以，非语言沟通是我们准确传递"信息、思想和情感"的一种重要方式。

声调。声音的高低、强弱、起伏、节奏、速度通常可以更加生动地表达人的情绪和态度，帮助我们领会其"言外之意"。比如，温柔和缓的声调代表坦率和友善，高尖颤抖的声调代表激动和兴奋，而阴阳怪气的声调多代表冷嘲热讽；鼻音哼声常代表傲慢和冷漠。

面部表情。面部表情是人际交往中传递或者捕捉情绪最常用的途径，它通常是人们下意识的一种反应，可以一目了然地表达人们的真实感受和动机。比如：张口结舌表示惊讶，咬牙切齿表示愤怒，眉头舒展表示欣慰，横眉冷对表示不满，笑逐颜开表示愉悦。

身体姿态。我国传统文化中素有大丈夫要"站如松，坐如钟，行如风"之说。人的思想感情、道德修养都会从身体姿势中反映出来。比如：身体前倾，表示热情放松；身体后仰，表示傲慢不屑；微微起身，表示谦恭有礼；侧转身子，表示嫌恶轻蔑；拂袖离去，表示拒绝交往。

2. 正式沟通与非正式沟通

正式沟通一般指在组织系统内，依据组织明文规定的原则进行的信息传递与交流。比如，组织内部的定期会议、文件传达，组织间的公函来往、调研会面等。

正式沟通的优点在于有良好的保密性、权威性和约束力，效果较好。一般用于重要的指示发布、文件传达、组织决策等。缺点在于沟通形式较为刻板，缺乏灵活性，通过组织系统层层传递信息的方式会导致沟通速度较为缓慢，存在信息失真或缺失的可能。

非正式沟通是指在组织正式信息渠道之外进行的信息交流，通常由组织成员的情感和动机需要而形成。在正式沟通不顺畅时，可作为良好的有机补充。比如：办公室传闻、朋友聚会聊天、小道消息等。

同正式沟通相比，非正式沟通的优点在于不受场地限制、形式灵活、直接明了、程序简单、消息传播速度快。通常非正式沟通中产生的信息更能真实反映人们的思想动态和行为动机。管理者如果合理引导和利用，可以更方便地了解员工思想情感和真实想法，及时解决潜在问题，从而为团队协调和组织决策提供辅助，提升内部凝聚力。非正式沟通的缺点主要在于消息传播途径难以控制，信息的准确性、可靠性和系统性都较低，受人为因素影响较大。管理者如果控制不当，容易导致团队中建立小集团、小帮派，严重影响员工关系和团队稳定。

要点提示

沟通的本质在于分享，而不是苛求他人接受自己的观点。

案例分析

赵爽在电话沟通中存在以下问题：

1. 与不熟悉的人电话沟通时，未清晰表明自身身份，清楚解释沟通目的。应告知对方自己的部门、姓名，简洁明了地表明沟通的目的。

2. 语气急躁，态度生硬。应注意自己语气语调，视对方情况，灵活掌握语速，随机应变。同时，要充分尊重对方，使用敬语。

建议赵爽采用以下沟通方式：

"您好刘工，我是人资部赵爽。目前公司在核定人均劳产率，我负责编制报表。由于今年公司出台了许多新的规定，资产运营方面的数据有了比较大的变化，因此有些数据需要您部门重新核定。我已经将需要您核定的部分标黄并发送到了您的邮箱，还请您填一下。另外，这个报表公司要的很急，还麻烦您能够在中午之前反馈给我，谢谢您。"

第二讲　人际沟通风格

赵爽因为和刘萍沟通不畅心情郁闷，这项工作一时间不知怎么开展，正在这时又被叫到了人资部主任的办公室。办公室里同时还有几个其他同事。

人资部主任："小赵，你抓紧写个报告，就是上次你负责的那个获奖的竞赛项目，梳理一下具体情况，我要向总公司汇报。下班前和昨天说的那个报表一起交给我。"

赵爽想到报表里的数据还没要到，今天的许多工作也没完成，又接到了新任务，就支支吾吾地说："主任，那个报表里一些财务数据现在还没要到，给财务打电话他们态度不好，也不配合工作，今天我其他任务也有些多，这个报告……"

人资部主任听到赵爽支支吾吾，十分严厉地说："这个报告很重要，你今天必须交给我，要个报表数据有什么难的，你作为主管这件小事都办不好么？"

领导在其他同事面前批评了赵爽，赵爽感到十分委屈和难堪。在这个过程中，双方的沟通存在着哪些问题呢？

一、人际沟通风格的特点

不同的人有不同的性格特点和处事方式，也就有不同的人际沟通风格。人际沟通风格通常可以划分为四种类型：表现型、控制型、分析型、和蔼型。四种风格有各自的表现特征。认识和掌握自己及他人行事风格，可以帮助我们更好地在生活和工作中建立人际关系。

表现型的人通常具有的特征是：外向活泼、直率友好、幽默热情、不太注重细节、令人信服的、合群的、快速的动作和手势、抑扬顿挫的说话语调、擅用有说服力的语言。与表现型的人相处，要给予他足够的重视和肯定，接受他的热情和幽

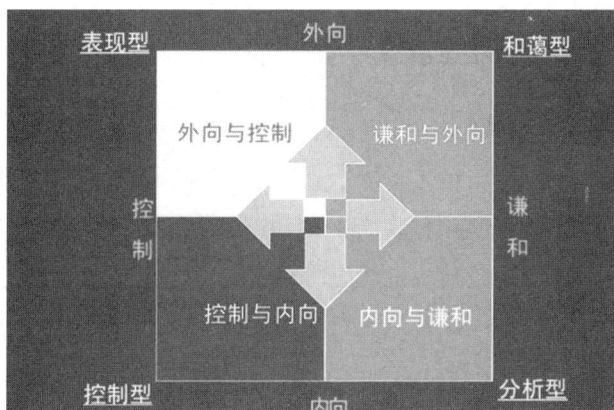

图1-1　沟通风格矩阵

默，欣赏他的才华和智慧，关注他的情绪和心情，同时也要宽容他的粗心大意和有口无心，帮助他留心细节，梳理逻辑，把控方向。

控制型的人通常具有的特征是：审慎果断、独立热情、强调效率、有目的性、有计划性、善于指挥人、情感不外露、语言直接且有说服力。与控制型的人相处，要善于理解对方，支持他的观点，肯定他的能力，沟通时可以直截了当地表达不同看法，同时也要宽容其对事不对人的性格，避免与其产生正面冲突。

分析型的人通常具有的特征是：严肃认真、有条不紊、合乎逻辑、语言准确、注意细节、有计划有步骤、寡言、缄默、喜欢有较大的个人空间。与分析型的人相处，不需要太多的情感铺垫，最好直奔主题，沟通要注意逻辑严谨、有理有据，为他提供系统的数据、完整的信息或者成功的案例，并给予其足够的时间思考、验证你的观点或想法，宽容他的反应平淡和过于理性。

和蔼型的人通常具有的特征是：合作、友好、赞同、耐心、有亲和力、面部表情和蔼、声音轻柔平稳、频繁的目光接触、善于使用鼓励性语言。与和蔼型的人相处，要多从对方角度理解问题、交谈时以友好但非正式的方式、多为他们提供个人帮助以建立信任关系。

二、工作中沟通需要注意的问题

沟通是建立和维持人际关系的重要途径之一。良好的沟通不但可以增进彼此之间的感情，还可以促进问题解决，消除分歧隔阂，达到事半功倍的效果。在实际工作中，领导与下属的沟通，中层管理者与上级领导的沟通常常出现问题，双方沟通不畅不仅会引发个人矛盾，还会严重影响组织团结和工作效率。

1. 领导与下属沟通的注意事项

（1）给下属任务的下达。

一名优秀的领导者在对下属下达任务时应掌握正确的方式方法，避免因错误的沟通方式导致下属理解不到位，影响工作的完成效果。

首先，在对下属下达任务之前，应综合考虑下属的逻辑思维能力和人际沟通风格，对不同的下属采用不同的沟通方式。对于逻辑思维清晰、学习理解能力较强、工作主动认真的下属简明扼要地说明任务要求即可，但是对于学习理解能力较差、工作态度较为被动的下属则需要使用更为准确的表达方式，耐心详尽地为其解释任务的前因后果，明确任务的各项要求。

其次，要注意在任务下达过程中多询问下属的想法，确保其真正明确任务目标。有些下属在与领导沟通时，不敢提出疑问或过多询问细节，导致在完成任务时抓不住重点，敷衍了事。对此，领导可以主动询问下属是否听清楚、弄明白，或者要求下属复述任务内容，并对其理解不到位的地方做细心解释，最后可以给予下属适当的肯定和鼓励。

（2）对下属的指正和批评。

当下属办事不利或违反制度时，领导应立即纠正并批评，让下属认识到问题的严重性并加以改正。然而，如果指正批评时不讲究方式方法，一味强调错误、横加指责，不但无法顺利达到教育下属反思错误、改正问题的目的，还会严重影响双方的人际关系和团队的和谐稳定。

首先，在对下属进行指正和批评时要选择合适的场合。切忌在公共场合或其他同事面前对下属劈头盖脸批评，这种不留情面的方式会对下属的自尊心造成严重伤害。建议领导者与下属在办公室或者其他相对隐蔽的地方进行单独沟通，一定要给予下属足够的情面。如果问题不太严重，可以采用email、电话或者微信等网络工具进行沟通。在提高沟通效率的同时，还可以避免面对面的紧张气氛。

其次，对下属进行指正和批评时要注意态度和措辞，要就事论事，不要一味地抓住下属错误不依不饶，实施言语谩骂，甚至人身攻击，嘲讽侮辱是非常恶劣的行为。建议领导者要以理服人，帮助下属分析问题原因，给予下属改进建议，让其发自内心地认识到问题的严重性，避免日后再犯同样的错误。

2. 中层管理者向上沟通的注意事项

时刻和上下级保持良好的沟通，是一名优秀的中层管理者更好开展工作的关键。在与上级领导的沟通时应该注意以下几点：

第一，准确理解和把握上级领导的想法是与高层领导沟通的根本目的。一方面，高层领导需要知道中层管理者如何进行上传下达，如何组织下属完成工作任务，以及工作效果如何。另一方面，中层管理者只有准确理解了高层领导的意图和指示，才能更好地组织工作开展，避免发生方向偏差。

第二，与上级沟通过程中，要学会执行和服从。当自己的观点与上级有偏差时，尽量耐心听完，不要贸然打断上级领导的思路，急于表达自己的观点，这是不尊重上级的表现。如果领导的观点存在疑问，切忌在会议场合或同事较多的场合直接反驳上级领导，应该学会私下沟通。

第三，不要将自己不成熟的想法、方案向上级汇报。汇报之前，应根据汇报任务要求，结合工作实际多拟定几条备选方案，供领导遴选采纳，充分发挥参谋助手作用。汇报时，切忌不要只汇报方案具体内容，完全将决策任务推给领导，应该重点汇报自己的分析思考，有理有据地将不同方案的优缺点说清楚，为领导做最终决策提供参考。同时，要认真记录领导对汇报方案的审批意见。汇报之后，要根据领导的意见做好修改，并将完善后的方案再次上报领导，重点标注修改内容。

第四，向上级领导汇报工作要思路清晰、言简意赅、措辞严谨、突出重点。汇报工作之前，应仔细梳理汇报内容所涉及的文件资料，理好脉络，分清层次，做到准备充分、心中有数。汇报工作时要语言精练，概括说明来龙去脉、前因后果、目的意义，重点说明实施内容、后续安排，让领导对所汇报的工作清晰明了。简单汇报后，可以对领导重点关注的环节或细节做进一步解释，让领导加深认识和理解。

三、企业内部沟通规则

1. 领导与下属沟通的技巧

领导可以通过运用一些小技巧显著提升与下属的沟通效果。

第一，领导可以采取先扬后抑的方式对下属进行教育批评。先对下属的个人优点以及近期的工作态度进行适当肯定，营造一个相对轻松的沟通氛围，再指出下属存在的问题或错误，这样更有利于下属以一个平和的心态接受领导对自己的批评和建议。

第二，领导可以采取探讨的方式与下属沟通。虽然职务在下属之上，但不能因此而高高在上、盛气凌人，过于强调地位高低，这无形中会建立与下属的隔阂。工作中多采取探讨的沟通方式，就某一问题与下属共同分析解决，这样既保证良好的沟通效果，又提高了工作效率。

第三，领导可以换位思考，在与下属沟通时多站在对方角度和立场去思考和分析问题，尽量理解下属的困难，回避敏感的词汇，避免双方的尴尬，拉近彼此的距离，这样才能使得双方沟通畅通无阻。

2. 中层管理者向上沟通的技巧

中层管理者与高层领导沟通，需要着重做好四点：绝对尊重、适度赞美、仔细聆听、精炼表达。

中国是礼仪之邦，绝对尊重要求我们在与高层领导沟通时应注意自己的语气态度；对高层领导的观点存在质疑或高层领导出现失误时，不要当众指出或反驳，应顾及领导威严，采用更加巧妙或婉转的方法达到目的。

适度赞美要求我们在与高层领导沟通时，对其下达的指示或表达的意图首先要表现出真诚地肯定和赞赏。但注意要点到为止，过分赞美会让领导认为是虚情假意、刻意逢迎，反而会适得其反。

仔细聆听要求我们在与高层领导沟通时，要注意倾听、仔细记录，重点标注其关键表述；要注意与对方的眼神交流，多点头、多复述，表现出对其指示和意图的重视和赞同，这样更有利于准确理解高层领导的指示要点。

精炼表达要求我们在与高层领导沟通时，要言简意赅、突出重点，切忌滔滔不绝、长篇大论。同时中层管理者并不能只做上传下达的信息传声筒角色，与高层领导沟通时要突出自己的思考，提出自己的方案。

要点提示

1. 沟通和交流是维持人际关系的重要途径；
2. 了解他人的人际沟通风格，益于找出与其相处的方式。

案例分析

赵爽和领导沟通过程中存在以下问题：

1. 对于领导布置的新任务，第一时间采取拒绝的态度。面对领导布置的工作应该勇于承担，努力完成，可以提出困难，请领导协调解决。

2. 将完成报表时存在的困难向领导吐槽，把未完成原因归结于对方不配合。

对于工作过程，领导更关心完成结果，应先从自身寻找原因，解决问题，对于自身确实无法把控的问题以及存在的困难，在向领导提出之前应思考拟定几条备选方案，供领导遴选采纳。

领导和赵爽沟通过程中存在以下问题：

1. 领导给赵爽布置新的工作任务时，没有换位思考提前了解赵爽当前的工作量和当前工作中存在的困难。

2. 领导在给赵爽布置任务时态度强势，语气生硬，摆出了一副高高在上的架势，这无形中将两人隔阂开来。实际沟通中上级向下属采取温和的语气态度，更有利于下属接受工作任务，轻松的办公室氛围也有利于工作高效开展。

3. 领导在其他同事面前批评赵爽办事不利，语言犀利，不留情面。在其他同事面前，这样劈头盖脸地批评下属，会伤害其自尊心，通常应尽量一对一进行，给下属留足面子。同时注意，批评要对事不对人，让下属认识到问题的严重性，并加以改正即可，不可实施语言上的人身攻击。

第三讲　工作类型识别

情景案例

　　面对自己纷繁复杂的工作和领导的严格要求，赵爽感到头大心烦，距离下班就那么几个小时，这么多任务怎样才能保质保量又全部按时完成呢？

案例思考

　　如果你是赵爽，你要怎么合理安排自己的工作呢？

知识进阶

一、工作类型识别的维度

　　要想安排好工作，首先要做好工作类型的识别。工作性质一般分为两个维度：重要性工作、紧急性工作。重要性工作通常是指能够实现目标、创造价值，对企业、部门和个人来说意义重大的工作事项。紧急性工作是指需要马上着手去处理的工作事项，一旦没有立即完成，可能就会产生严重后果。

二、工作内容管理矩阵解析

　　第一象限：既紧急又重要的工作，一定是优先级最高、最该先做的工作。通常我们工作和生活中的压力和危机主要来自第一象限。自然，第一象限就像"雷区"，进入的次数越少越好。据统计分析，第一象限中80%的事务都是由其他象限未处理好的事务发展而来。

　　第二象限：重要不紧急的工作，是需要制定计划并投入主要时间和精力去完成的工作，也是能够体现能力价值的核心工作。第二象限的事务如果处理不当，很可能会使其进入第一象限。因此，对于第二象限的事务需制定详尽的计划安排，严格执行，避免拖沓。也就是说，我们应该把精力集中在第二象限。

第三象限：紧急不重要的工作，可以通过合理授权他人，或与他人协同完成的工作。第三象限的事务通常是造成我们忙碌的源头。例如：办公室的突然来电，临时会议等。因而，对于第三象限的事务，我们尽量选择合适的授权对象，交给他人完成，或者委婉拒绝这类事务，而把精力集中在第一、二象限上。

第四象限：既不重要又不紧急的工作，这类事务尽量少做。这是一个用于缓冲调整的象限。第四象限的事务通常相对轻松或有趣，但是意义或价值不大，可以在疲惫时用来调整心态和身体，不宜投入过多时间和精力。

三、合理的工作协调安排

四个象限的工作因重要性和紧急性，在我们时间安排中的占比各不相同，高效能人士的工作时间安排一般为：第一象限占20%，第二象限占65%，第三象限占10%，第四象限占5%。这些数值为我们在四个象限工作的时间分配上提供了一个参考。那么我们该如何运用四象限法则合理安排工作呢？

第一，优先解决第一象限。要准确判断出哪些是既紧急又重要的事情，然后全力以赴立即处理。

第二，正确区分一、三象限。第三象限事务的紧急性极易造成它也很重要的假象，因而易和第一象限发生混淆，耗费我们大量时间。在判断某一件事是否重要时，我们可以依据它是否可以授权于他人完成来判定，如果这件事并不是一定只有你自己才能完成的话，那么就可以把它归为第三象限。

第三，投资第二象限。与第一象限相比，第二象限的事务既十分重要，又有充足的时间去完成，那么我们应该投入主要精力、按照计划有条不紊地将其做到尽善尽美，最终也会获得最大回报。同时，做好第二象限的事务可以有效避免其发展成紧急工作，增加第一象限的任务量。

第四，走出第四象限。相对轻松有趣的第四象限事务常常使我们陷入其中难以自拔，这需要我们克服懒惰享受的心理，凭借理性和毅力摆脱第四象限。

四象限法则简单地说，就是第一象限马上做，第二象限计划做，第三象限授权做，第四象限减少做。日常工作生活中，运用四象限法则，可以帮我们合理分配每件工作和处理时间，提高工作效率。

要点提示

1. 优先完成紧急且重要的工作；
2. 按计划完成重要不紧急的工作；
3. 合理分配紧急不重要的工作；
4. 尽量少做不重要不紧急的工作。

案例分析

赵爽当前主要有两项工作任务，一是完成报表，二是撰写报告。这两项都是领导布置的需要当天下班前完成的紧急工作。撰写报告这项工作赵爽一直是项目负责人，只有她更清楚具体情况，掌握重要资料，其他人很难代替她完成。同时，这项工作领导也十分看重，需要向总公司汇报，一旦没有按时保质完成，将会对整个部门造成不良影响。完成报表这项工作，相较于撰写报告，同样紧急但不十分重要，同时工作内容简单，并不是只有赵爽才能完成。因此，赵爽可以选择合适的授权对象，请同事协助她完成报表，而自己将时间和精力集中用于撰写报告。

第四讲 沟通协调工作

情景案例

赵爽想到部门刚来的90后新员工可以帮助她完成报表的工作。

赵爽："小伙子！"

新员工："您叫我小胖就行。"小胖站起来，一笑露出两颗虎牙。

赵爽："给你交代个活啊，等下我拷个文件给你，帮我做个表，里面有关财务的数据你找财务部门专工再沟通一下。"

新员工："好的，您放心，保证完成任务！"

赵爽简单地给小胖交代完工作，自己就抓紧去完成领导要求的报告了。

快下班前，赵爽问小胖报表完成得怎么样了，没想到小胖得意扬扬地说已经全部完成了。但是，当赵爽打开小胖做的报表就气不打一处来，小胖完全没有按照公司一贯的格式来做，完全是自由发挥啊，数据倒是都对上了，却没法上交！

赵爽："你怎么没按公司的统一模板做啊，刚来公司就做事这么不认真！"

小胖一脸委屈："什么统一模板？"

赵爽这才想起来，小胖是新员工，对工作要求还不了解，只得再自己抓紧修改报表了。

案例思考

赵爽在给新员工布置工作的过程中存在着哪些问题呢？

┃ 知识进阶

一、辅导下属

1. 辅导下属的三个窘境

管理者在辅导下属时常遇到以下三个窘境。

第一窘境：喜欢使用"放之四海而皆准"的普适性道理教育下属，没有对下属的具体问题进行针对性的辅导，效果很难令人满意。

第二窘境：自己会做却"教不会"下属。这种情况更多地出现在业务能力过硬，但管理经验欠缺的管理者身上，一旦下属工作不力，他们习惯亲自上阵解决问题，没有给予下属自我反思、主动思考的机会。

第三窘境：辅导后没有及时监督检查成效。常常出现辅导了，下属可能没听懂或者没记住，可能没行动或者因理解不当而行动"走样"，也可能因遭遇挫折而选择放弃或者因组织支持不足而"虎头蛇尾"，如此这样最终很难见到显著的辅导效果。

2. 辅导下属启示建议

第一，在辅导目标和意义上达成共识。这一建议包括两个递进的要点：

首先，管理者要与下属在以下问题上达成共识：要解决下属哪些方面的问题，帮助其提升哪些能力？问题解决和能力提升的效果如何衡量？这样做对下属在个人成长和职业发展上有何意义？其次，对于管理者还需要具备解决下属特定问题的体系化知识与方法论，明确辅导所需秉持的核心观点以及哪些具体举措可以促使下属行为改善，做好针对下属身上出现的任何状况都可以灵活应变的准备。反之，如果管理者仅仅依据个人经验给予临时性的意见或建议，或者辅导只是停留在谈话技巧层面，没有采取具体举措或及时跟进，会很难达到理想辅导效果。

第二，接受"不可能一蹴而就"的现实。改变从来都是不容易的，辅导更是一个循序渐进的过程。管理者要具备足够的耐心，接受下属很难短时期内飞速进步的事实。这里，给予辅导者三项行动建议：①找到合适的辅导切入点，随时关注并总结阶段性成果，制定双方认可的里程碑式目标和"下一步行动计划"。②理解和允许下属适当试错、或阶段性地做得不到位、甚至出现退步的情形。③给予下属充分的尊重，善于发现其个人优点和点滴进步，及时给予口头反馈和肯定鼓励。

第三，关心、信心和责任心"三心"缺一不可。管理者辅导下属就像长辈教育孩子，不能一味地说教和训诫，让下属产生自己只是团队业绩的"机器/工具"的错觉，需要从"关爱下属成长"的角度出发，动之以情，晓之以理，真心得到下属的认可，才能使其主动努力自觉行动。同时，要对下属具有信心，相信其是愿意进步和成长的。如果管理者仅仅是迫于企业要求或者流于形式履行管理职责，那么下属会认为自身并不被看好和信任，就很难按照辅导者的意愿来发生改变或者自暴自弃。因此，除了关心和信心，责任心也尤为重要。管理者需要具备前瞻的眼光，长远地肩负起对下属成长的责任感，并持续地去发现更有效的管理辅导之道。

3. 辅导下属的过程和方法

第一步，询问工作进展情况。询问工作进展时要尽量询问具体的事项，例如：年度计划报表的数据收集齐了吗？下一步还要进行哪些归纳汇总？

第二步，保持静默。在询问下属工作进展的过程中，无论对方的回答是否满意都要保持静默，让下属主动分析、汇报工作进程中遇到的问题。

第三步，给予肯定或表扬。在询问下属工作进展的过程中，保持静默后，如果对方做得不错，可以给予下属一定的表扬和赞许。如果下属完成的工作不能令人满意，或者下属在工作进展中存在某些障碍，那么我们就进行下一步。

第四步，询问工作障碍和解决方案。具体询问下属工作中遇到的障碍和问题，但不要立即给予指导或解决方案，可以引导下属独立思考，分析障碍产生的原因，自己去寻找解决方案。

第五步，达成共识。如果下属给出的解决方案不够好，那么我们就应该根据自身的工作经验和技巧告之于他，引导其得出正确的解决方案，进而达成共识。

第六步，约定回顾（检查）时间。为确保下属真正落实，一定要约定具体的回顾时间，检查完成效果。

第七步，对其进行鼓励或者激励。如果下属态度认真，工作完成得较好，一定要对其进行鼓励或者激励。

二、换位思考的平行沟通

学会换位思考是职场中建立良好人际关系的关键一环。在职场中，良好人际关系的形成通常建立在利益共享、互相帮助的基础之上。因而，学会换位思考，把自己代入对方的角色去考虑问题，通过双赢思维化解冲突，是找到让自己和对方双赢的解决方法的最有效途径。那么如何换位思考呢？

首先，要有一个宽广的胸怀。当我们与某人合作的一项工作因出现问题难以继续开展，这时吵闹争论不但于事无补，而且还会影响进一步的合作。我们可以暂时放下追究他人责任，以解决问题为中心，控制好自己的情绪，进行换位思考，尝试理解他人，互为对方着想，双方一起努力弥补损失，这才是解决问题之道。解决问题永远比一味追究责任更有意义。

其次，要学会理解他人，有大局意识。在工作中，很多时候我们会因为一件小事的责任问题与同事产生矛盾，甚至发生肢体冲突，严重影响了工作的正常开展和其他同事的工作环境，破坏组织团结的同时也给公司造成了一定损失。学会换位思考就要平时在工作中多从对方角度想问题。与人发生矛盾时，不要总把目光盯在他人身上找原因，也要从自己身上查找问题，有自我批评的勇气。要树立大局意识，不断强化换位思考的意识，养成换位思考的习惯，真正学会理解他人，才能提高沟通效率，达到事半功倍。

在与他人沟通时，可以通过自我提问六个问题帮助我们实现换位思考。

1. 你听到对方说了些什么话？

2. 你看到对方有哪些表情和动作？

3. 对方做出了哪些响应与反应？

4. 你对对方的感受与态度是什么？

5. 对方的恐惧、挫折与阻碍是哪些？

6. 对方想要的目标、期待的支持又是什么？

这六个问题可以协助我们把所见、所闻、所感和收集到的信息进行归纳分类，进而发掘对方所面临的困难与期待。

要点提示

1. 管理者应根据下属个性，持续地发现更有效的管理辅导之道；

2. 平行沟通应具备宽广的胸怀、学会理解他人、具有大局意识。

案例分析

赵爽在给新员工小胖布置工作的过程中，存在以下几个问题。

1. 没有为其解释这项工作需要完成的原因。为什么要完成这项工作，要明确告诉接受这项工作的下属，让下属知道自己接受的这项工作的意义所在，也让下属体会到自己到单位中的价值所在，这样下属会更加主动地投入工作中。

2. 没有告知相关要求和详细标准。布置工作一定要提出详细标准，做到什么样的程度才能算是达标的，要让下属在接受工作的最初时候了解清楚，尤其是对于"职场小白"新员工。这样下属才能更有效地去执行，否则有可能达不到预期效果。

3. 工作完成过程中没有及时监督和指导。询问下属完成工作中存在的困难和障碍，及时发现下属工作中的错误和问题，指导其正确解决和克服障碍，可以帮助其提高工作效率，保证工作质量。

4. 没有限定工作完成的时间。限定时间可以有效避免下属拖沓低效，同时也可以为工作结果进一步完善、修改留出充裕时间。

5. 对待新员工的错误，只是口头批评。面对下属犯错，不是不批评，更应该在指出其问题和错误的同时，耐心指导下属学会解决问题的方法，以免其日后再犯同样的错误。

中 篇

安全管理能力提升

第一部分　认知安全管理

👉 **培训目标**

◆**知识目标**

　　1. 了解安全管理与安全领导的区别；

　　2. 了解为什么会发生事故。

◆**能力目标**

　　掌握事故特征，从而预防事故发生。

第一讲　安全领导与安全管理

情景案例

×年×月×日，某供电公司因220KV某废弃的老旧线路，连续多次多处被偷，经过现场勘察后，送电检修工区制定了拆除线路方案，自行组织拆除该线路留存的废旧导线及架空地线。

当日，由带电二班班长毕×担任现场总指挥，带领作业人员在18号杆处工作，18号杆为18米高∏型的水泥杆。9时30分到达作业现场后，结果发现原先留在18-21号杆之间的两相导线再次被盗，但位于17-18号杆西侧的两条导线仍在那里，由于受力不平衡，18号杆向西南稍有扭斜。毕×让作业人员张×、王××登杆作业。当张×将要去上杆时，王××质疑无法保证上杆作业的安全，提出打拉线后再上杆，但是毕×并没有采纳王××意见，又让作业人员戴××上杆，戴××也没有答应。此时，作业人员赵×（班组技术员）也要求毕×在他工作之前打拉线，否则太危险了，但是毕×仍然不听建议，并且负气自己登杆作业。9时40分左右，当毕×松开东面的架空地线，走向西边，帮助张×松开另一根地线，突然东边立杆离地0.5米处扭折，随后西边立杆从底部折断，整个∏型杆向南倾倒，由于安全带安装在杆顶的横杆上，毕、张二人与杆一起倒下，导致严重的内伤，送医院抢救无效死亡。

案例思考

这次事故的直接原因是什么？如果你是毕班长，你会怎么做？

知识进阶

一、安全领导

1. 安全领导的内容

（1）负责所有项目群安全的正式领导人必须是高层领导者，因为他是负责集中规划和安排各种活动的最高层领导；

（2）每个项目必须有明确的安全领导；

（3）每个项目工作群的每个成员都必须有安全领导。

换句话说，在现代和未来的企业中，安全领导不仅仅是最高领导者，它应该是一种上下贯穿而且左右协调的网状管理，因此安全领导者也包括中层及基层的管理者。

2. 安全领导的影响力

Jack Nagel认为，一个行动者的需要、愿望、倾向或意图影响另一个或多个行动者的行动或行动倾向。也就是说，行动者之间的这种关系就是影响力。影响力可以分为明显的和暗含的，消极的和积极的等。最典型的是心理学家弗弗朗西（R. P. French）和雷文（B. Rwen）的分类，即职权性影响力和非职权性影响力。职权性影响力主要取决于个人在组织中的地位，与职权相联系，包括合法权（legitimate power）、奖励权（reward power）和强制权（coercive power），而非职权性影响力主要取决于个人素质，与职权无关，包括专长权（expert power）和参照权（referent power）。

这五种权力反映出来的是上下级的关系，如：上级规定下级行为的权利就是合法权；上级决定下级酬劳的权利就是奖励权；上级惩罚下级的权利就是强制权；上级有一些特殊知识、专业知识等产生的就是专长权；下级对上级的认可就来源于参照权。

对于安全领导者而言，决定性和主导性的作用是非职权性影响力，职权性影响力只是安全领导的次要因素，因此仅仅提高职权性影响力不够，提高非职权性影响力也是必要的，这样才能提高安全领导的影响力。下面介绍一下提升安全领导影响力的方法。

（1）提高安全领导的职权性影响力的方法。

首先，恰到好处地使用职权性影响力，即注重审慎的态度、遵守规章制度、少用强制手段。其次，以身作则、秉公办事，罚不避亲、赏不避仇，同时要善于授权，从而激发员工的安全行为。在实际工作中，需要具体指导，让下属了解和理解规章制度中的安全原则，了解到安全工作环节之间的联系，以便始终保持安全行为。

（2）提高安全领导的非职权性影响力办法。

提高非职权影响力主要包括安全领导者自身的品德、才能、知识、感情及人际关系的影响。在这些影响中，主要是提高品德、才能因素，辅助为知识、感情因素，但当品德与才能水平相当时，感情因素非常重要，而且科学技术的飞速发展使知识因素成为关键因素。

3. 安全领导的特质

领导是一种发展变化的行为过程，在讨论领导者的个人特质时要从多方面来分析。对领导者品质的研究较有代表性的是美国心理学家吉塞利（E. E. Ghiselli）在《管理才能探索》中提出的十三个有效领导者素质，并根据对管理成功的重要性将它们分成三类。

（1）"非常重要"，包括督查能力、事业成就需求、才智、自我实现需求、自信心和决断能力；

（2）"次等重要"，包括适应性、成熟度、首创精神、对工作稳定性的需求、对优厚奖金的需求，以及指挥他人权利的需求；

（3）"最不重要"，这一类只有一项因素：性别（男性或女性）。

吉塞利的这项研究分析了领导行为中，各种不同特性的相对重要性，且具有严谨的科学性，因此该项研究成果应用较广且受人推崇。

二、安全管理行为

安全管理是管理之一，符合管理的基本概念，具有管理的特点。

1. 安全管理行为的性质

（1）社会性或群体性。安全管理行为是对具有一定社会组织形式的群体所进行的一种管理活动，活动目标明确且满足社会和群体利益需求。

（2）组织性。安全管理行为是一种有组织的行为，这意味着安全管理必须以有组织、有序的方式进行。

（3）任务性。安全管理活动要有特定的对象、目标和任务。因此要针对每一项活动设定管理的程序和方法，以便于明确任务和目标。

（4）科学技术性。安全管理是控制和调节活动对象的物质流、能量流、信息流、人力流。只有掌握这方面的科学技术知识，才能把握这些"流"的特性和规律。

（5）普遍性。从广义的角度看，安全管理的普遍性是指人的每项活动都有或多或少的安全问题。而当这些问题关系到两人以上的时候，就是安全管理的任务了。

（6）特异性。当所处领域、针对对象不同时，安全管理方法就会有区别。因此要根据具体情况分析。

2. 安全管理行为的形成

安全管理行为是组织的一种特殊管理行为，主要是由组织的特定需求产生，需要多个环节才能完成。在每个环节中，需要多人分工合作。处于高层的安全管理者涉及的方面越多，从而对整体行为的影响就越大。因此，一定要重视处于高层次的安全管理者。

三、安全管理和安全领导的区别

在企业管理和领导中要注意区分安全管理和安全领导，其不同点主要有以下几方面：

（1）研究领域不同，如企业安全中全局性、宏观性或战略性的问题是安全领导研究范围，这类问题涉及的是安全方针、战略的制定及安全远景规划的构建等，但安全工作详细日程的制定这类具体的工作就属于安全管理。

（2）任务不同，安全与生产之间带战略性、全局性及方向性的问题属于安全领导者的任务，但危险辨识、事故管理、安全措施计划、安全控制和安全评价等这类问题就属于安全管理者的职责。

（3）人员不同，各基层的领导人及安全管理职能人员都属于安全领导者，安全领导者人数要少于安全管理者。

（4）方式不同，安全领导关注的是精神方面，主要是通过激励和鼓励员工，安全管理针对的是具体的事务，如安全生产活动的控制。

（5）活动不同，安全的思想、文化的建设与形成这类带情感的活动属于安全领导的范畴，而面对事务的反应性活动就属于安全管理者的范畴。

要点提示

1. 安全领导还包括中层及基层的管理人员。工作是否能安全进行与安全领导的决定有关。

2. 在实际安全生产工作中，必须注意将安全领导和安全管理结合，两者都是不可或缺的。

案例分析

这次事故的直接原因是现场的领导，即负责人毕×，在现场作业环境发生变化时未对安全措施进行补充，竟然违章指挥，强令下属冒险作业，导致死亡事故的发生。这说明在现场工作中，作为一名安全领导者，首先要提高自身素质，才能在工作中避免个人失误导致不必要的损失；其次，安全领导者要明白自身的责任，在工作中要做出正确的决策，要知道工作是否能安全进行与安全领导的决定密切相关。

第二讲　事故概述

情景案例

×月×日，某供电公司110KV的某线路出现高频零序三段B相跳闸（三段不经重合闸），申请后调度同意强行送电，并且送电成功。第二日，该公司送电工区准备进行全线的带电线路查验，9时许，该工区副主任钱×和另一人为一组，在巡查到78—79号塔之间线路时，发现树梢出现烧焦的痕迹，怀疑是线路放电所致。当时通信中断而且所处环境较偏僻，无法与外界取得联系，钱×决定在线路带电情况下用手锯伐树，结果在10时31分时，所伐树木横向倒向导线，因为没有做好树木顺导线倒落的措施，出现了导线对树木的放电，同时因为钱×穿化纤衣服导致双下股部分被电弧灼伤。

案例思考

请分析事故原因。

知识进阶

一、事故的定义

对于事故（Accident），考虑的方面不同就会出现不同的描述。我国安全生产界认为："在生产活动中发生的一个或一系列意外的，可导致人员伤亡、设备损坏、财产损失及环境破坏的事件就是事故。

常见的几类事故有：

1. 伤亡事故，简称伤害，是周围环境有关的外来能量，导致个人或集体在行动过程中对人体生理机能部分或全部损伤的现象。而工伤事故是指在生产区域中发生的与生产有关的伤亡事故。

2. 一般事故，也称无伤害事故，也就是指停工短暂或与人的生理机能障碍无关的未遂事故。统计数据显示，90%以上事故是无伤害的一般事故，远远大于伤亡事故概率，能高达十到几十倍。因此，为了消除伤亡事故，我们必须首先消除或控制住一般事故。

3. 未遂事故是指由于某些偶然因素将有可能造成严重后果的事件不再出现严重后果。

1941年美国人海因里希（H. W. Heinrich）对55万件机械事故的数据统计发现，死亡、重伤、轻伤和无伤害的事故件数之比为1：29：300，这就是著名的海因里希法则（Heinrich's Law），如图1-1所示。无伤害事故是指没有人员伤亡、财物损失和环境破坏的事故，即为未遂事故或险兆事故。海因里希法则的意义，并不在于具体的数值1：29：300，而在于指导人们只有消除大量的无伤害事件才能消除重伤事故。

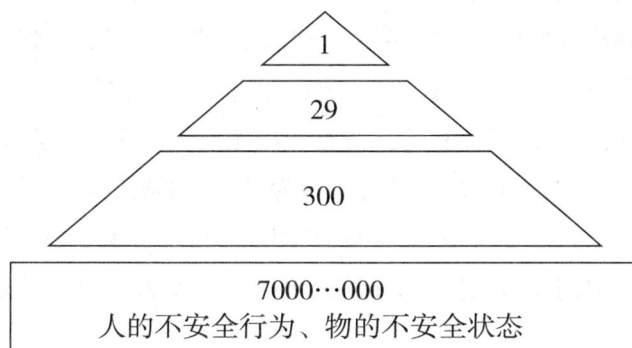

图2-1 海因里希法则（Heinrich's Law）示意图

4. 二次事故是由事故或外部事件引发的事故，外部事件是指与本系统无直接关联的，如自然灾害引起的的事件。应该指出的是，事件造成的的二次事故将导致重大、特大事故。

二、事故的基本特征

通过调查、统计、分析大量的事件发现，事故有其自身的特性，只有深入地研究和掌握这些特征，可以引导人们认识和了解事故，防止意外发生。事故的主要特征有以下几方面：

1. 事故的因果性。一种现象导致另一种现象的发生，这两种现象之间的关联性是因果性。由于各种原因相互联系可能导致事故，并且事故之间存在直接或间接的联系。这种关系中的"原因"也可能是另一种关系中的"果"，反之亦然。

给人、物等造成伤害的直接原因更容易找到，然而要寻找出究竟是何种间接原因，又是经过何种过程而造成事故后果却非易事。因为随着时间的推移，会有种种因素同时存在，有时多种因素之间的关系相当复杂，还有某种偶然机会存在。因此，在制定防范事故的措施时，有必要深入分析事故的根本原因，尽最大努力查明事故的直接和间接原因，从而防止类似事故的再次发生。

2. 事故的偶然性、必然性和规律性。从本质上讲，伤亡事故是随机事件。也就是说，他们在某些条件下可能会也可能不会发生。事故的发生包含着偶然因素。也就是说，即使明白了现象的原因，事故的偶然性仍然是客观存在的。

在人们的生活生产中，危险和有害因素是客观的和绝对的。有因必有果，因此，事故具有必然性，不同的是事故发生的概率大小、人员伤亡的多少和财产损失的严重程度。

虽然事故具有一定的偶然性，但由于其必然性，它可以使用某种科学仪器或手段在一定范围内找出近似规律。如果使用概率论和系统分析收集到的大量事例，可以找出危险的分布情况，识别事故的规律性，将事故消除在萌芽状态，化险为夷。

3. 事故的潜伏性、再现性和可预测性。在生产活动中，安全隐患是潜在的，当条件成熟时在特有的时间、场所就会显现为事故。事故的发生是系统内部参数从量变到质变的过程。系统是否安全，与长时间内没有发生事故并不相关，它可能潜伏着安全隐患，长时间没有发生事故往往会麻痹人的思想，从而使潜藏的隐患造成重大恶性事故。

尽管不会重复出现完全相同的事件，但是会重复发生相同类型的或相同因果关系的事故。例如，类似的交通事故每年都会重复发生。因此，充分学习以便于对事故进行预防与控制。

事故是可以预测的。人们可以通过分析过去的事故来构思出预测模型，以便预测在各种条件下可能出现的危险，并在生产活动开始之前制定预防措施，同时可使用高新技术和先进安全探测仪器提高预测的可靠性。

三、轨迹交叉论

从大量典型事故发生的根本原因的分析中总结出来的事故机理和事故模型就是事故致因理论。这些机理和模型显示了事故发生的规律性，理论上对事故原因进行了定性和定量分析，为事故的预防和改进、安全管理提供科学、完整的依据。随着科学技术的发展和生产水平的提高，事故的类型和规律也发生了变化，轨迹交叉论是事故致因理论的代表性理论。

轨迹交叉论的基本思想是多种相互关联的事件顺序发展的结果造成伤害事故。这些事件可分为人和物（包括环境）两大发展系列，在一定时间、空间内，原本在各自发展中的人的不安全行为和物的不安全状态突然发生了接触或交叉，从而使能量发生转移，造成伤害事故。而人的不安全行为和物的不安全状态又是因为多种因素引起的。

轨迹交叉事故模型如图1-2所示。图1-2中，起因物与致害物可为同一物体，也可为不同物体；同样，肇事者和受害者可为同一人，也可为不同的人。大部分的事故都可以用轨迹交叉理论分析。在实际生产过程中，绝大多数的事故是由人的不安全行为或物的不安全状态同时作用的，只有少数事故仅仅是其中一种引起的。例如：日本劳动省通过对50万起工伤事故调查，发现与人的不安全行为无关的事故只占4%，而与物的不安全状态无关的事故只占9%。

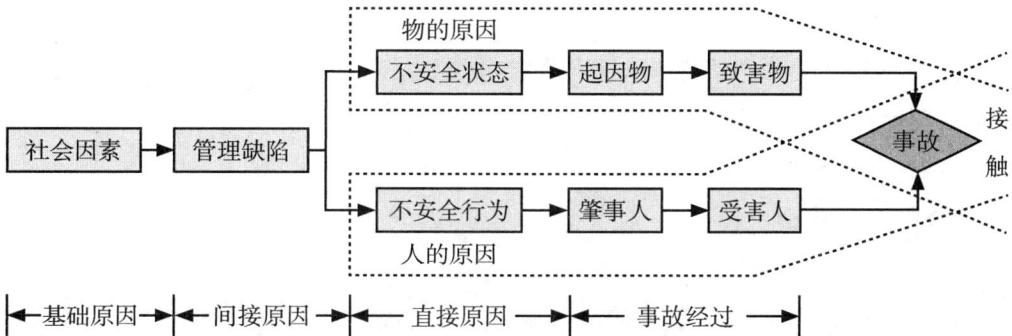

图2-2　轨迹交叉事故模型

实际上，在人和物两大系列的运动中，它们是可以相互关联、互为因果、相互转化的。有时人的不安全行为加快了物的不安全状态的发展，或导致出现新的不安全状态；而物的不安全状态可以诱发人的不安全行为。因此，事故往往呈现较为复杂的因果关系，并不一定是模型所示的那样按照人、物两条轨迹独立运行。

在这里要强调的是，造成事故的直接原因是人的不安全行为和物的不安全状态，如果对它们进行深入的考虑，则会挖出深层次的原因。这些深层次原因的示例如表1-1所示。

表 1-1　事故发生的原因

基础原因（社会原因）	间接原因（管理缺陷）	直接原因
社会历史；经济；文化；遗传；个人的受教育程度；民族习惯；法律	生理和心理状态不佳；知识技能欠缺；工作态度不端正；人际关系差	人的不安全行为
设计不合理；制造有缺陷；标准缺乏	维护保养不当；保管和防腐不良；故障；操作不当；安装不当	物的不安全状态

作为一种事故致因理论，轨迹交叉理论强调人的因素和物的因素在事故致因中占有同等重要的地位。按照该理论，只要确保人与物两种因素运动轨迹不接触、不交叉，就可以预防事故的发生。同时，该理论可以应用于事故的调查。

要点提示

1. 人们不能完全防止事故的发生，但他们可以延长事故的时间间隔、降低事故发生的概率。

2. 多种相互关联的事件顺序发展的结果造成伤害事故，利用轨迹交叉理论调查事故发生的原因。

案例分析

伤害事故是许多相互联系的事件顺序发展的结果，这些事件可分为人和物（包括环境）两大发展系列。

从人的不安全行为分析，工区副主任钱×首先未按规定穿全棉长袖工作服，即未按规定着装，化纤衣服易起静电，增加了被电弧灼伤的概率；其次，未与工区取得联系，未接到砍伐树木的口头或电话命令。从物的不安全状态分析，一是树梢有放电烧焦痕迹，未申请线路停电；二是为防止树木（树枝）倒落在导线上，应设法用绳索将其拉向与导线相反的方向，钱×未采取防止树木倒落在导线上的措施。

第二部分　安全管理行为

👉 培训目标

◆知识目标

 1. 了解安全教育的内容、形式、类型等；

 2. 了解安全激励的概念、理论基础、分类等。

◆能力目标

 1. 掌握不同形式的安全教育方法；

 2. 掌握不同形式的安全激励方法。

第一讲　安全教育

×月×日，某供电公司运维检修工区带电检修班在66KV某线路58号杆塔进行安装防绕击避雷针检修作业。8时30分，张×签发了带电作业票。作业负责人赵×宣读作业票，安排工作任务以及落实好安全保证措施后，检修班人员开始登塔作业。11时45分，58号杆塔上检修人员在安装防绕击避雷针作业中，由于安装机出现故障，导致作业不能正常进行，作业负责人赵×在指定作业票签发人张×作为临时监护人后，在没有任何交待的情况之下，随即登上杆塔去查看安装机出现故障的原因。当赵×在杆塔上对安装机进行调试修理时，作业票签发人张×（运维检修工区领导委派其对作业现场进行指挥检查）私自攀登58号杆塔至下横担处，由于其身体与中相引流线的安全距离不足，导致中相引流线对其身体放电。张×立即从58号杆塔横担处坠落地面，经抢救医治无效死亡。

一、什么是安全教育

安全教育是促进安全生产所采取的一切可能的教育措施的总称，如加强公司各级领导和员工的安全意识与法制观念，提高员工的安全知识和技术能力，减少人的失误。安全教育是公司安全生产管理规章制度的重要组成部分，是预防和防止事故发生的重要决策。

安全教育的目的是使公司各级领导和员工正确认识安全生产的重要性和必要性，掌握如何实现安全生产和文明生产的科学生产知识，提高他们的生产技术能力和安全生产管理水平，使他们能够自觉地实施安全生产管理政策和各项法律法规与规章制度，从而使他们的行为更加标准化、规范化，减少人为失误和不安全行为。

安全教育对于预防人为事故的发生，加强安全生产管理，促进安全生产具有重要意义。

二、安全教育的内容

安全教育应从安全生产思想教育、安全生产知识教育和安全生产技术教育三个方面入手。

（一）安全生产思想教育

安全生产思想教育主要针对教育对象的具体实际情况，从思想教育认识、安全生产态度、安全法制观念等方面进行，加强对安全生产方针政策的认识，正确处理安全与生产的关系，提高安全法制观念和安全生产的自觉性。主要包括安全生产方针政策教育、安全生产劳动纪律和法律法规教育、典型经验及事故案例分析教育。

1. 通过安全生产方针、政策的学习，提高公司各级领导和全体员工对安全生产重要性的认识，牢固树立"安全第一"的意识。正确处理安全与生产的关系，巩固公司安全生产。

2. 通过安全生产劳动纪律和法律法规教育，公司领导和全体员工对国家安全生产的法律法规和公司各项安全生产管理规章制度有深刻的理解和掌握，公司各级领导能够依法组织公司的经营管理，严格执行"安全第一，预防为主，综合治理"，使全体员工依法进行安全生产，依法保护自身安全和健康权益。

3. 通过典型经验和事故案例分析教育，人们能够深刻理解安全生产在促进公司长远发展、个人和家庭幸福的作用；深刻地认识到安全事故对公司、个人和家庭带来的巨大损失与不幸，从而强化安全生产的概念。

（二）安全生产知识教育

安全生产知识教育主要是为了提高人们的判断和应对能力，使人们能够识别工作中的危险因素，以及如何消除这些危险因素；哪些不应该做，应该怎么做；哪些行为不正确。安全生产知识教育也是所有人员的安全教育。

安全生产知识教育的内容主要包括以下方面：

1. 工作中的不安全因素，潜在的职业危害及其发展成为事故的规律。

2. 公司内部非常危险的设备和区域及其安全防范措施。

3. 安全防护措施的基础知识和防治粉尘和毒害的综合措施。

4. 有关机械设备、电气设备和工器具的基本安全知识。

5. 公司内运输的有关安全知识。

6. 消防知识及灭火设备的使用方法。

7. 发生事故时的紧急救护方法及自救措施，及伤亡事故报告流程。

8. 安全生产管理、安全生产技术、职业健康安全管理规章制度。

（三）安全生产技术教育

安全生产技术教育是指从事各种作业的人员的安全操作技术教育。其教育内容有以下几个方面。

1. 岗位操作规程。

2. 改善专业工种劳动作业环境，设备的安全，工艺操作的安全，正确使用个人安全防护用品。

3. 对于特殊类型的工人，应进行专业的安全教育和操作培训。

4. 采用新的方法、购买新的技术设备、制造新的产品或改变工人的工作时，有必要向工人传授新工作安全生产技术和新操作方法。

总之，公司应根据不同的教育对象，关注不同的安全生产教育内容，并提出不同的安全生产教育要求。

三、安全教育的形式

目前，公司为员工提供了以下几种安全生产教育的形式。

1. 组织专门的安全生产教育培训课程。

2. 班前班后详细解释安全注意事项，并对安全生产情况进行评论。

3. 施工作业和运维检修前进行安全技术措施交底。

4. 各级负责人员和安全生产管理人员应当进行现场安全生产宣传教育，并监督安全法律法规制度的落实。

5. 组织有关安全生产技术知识讲座和竞赛。

6. 定期召开安全生产事故分析会，深入分析事故原因、责任、经验教训，开展案例教育。

7. 组织安全生产技术交流，开展安全生产先进展览，张贴安全生产海报与标语，设置警示标志，采用电影、广播、录像等方式开展安全生产教育。

8. 安全技术部门定期举行安全例会、专题会、表彰会、专题讨论会，或使用信息、简报等，对安全生产工作进行总结和评比，最终达到安全生产教育的目的。

四、安全教育的类型

根据安全生产教育的不同对象，主要有以下几种安全生产教育类型：

1. 以新员工为教育对象的三级安全生产教育。三级安全生产教育是指新招聘的人员、新转岗人员，以及实习的学生或其他人员进行的厂级安全生产教育、车间安全生产教育、班组安全生产教育。

2. 以特种作业人员为教育对象的专门安全生产教育。特种作业是指在作业过程中容易发生伤亡事故，对操作员、他人及周围设施的安全有重大危害的作业。特种作业人员就是从事特种作业的人员。特种作业人员上岗前，必须对安全生产技术和操作技能进行专门的培训与评估，考核合格后方可上岗。

3. 以"五新"和变换工种作业人员为教育对象的安全生产教育。"五新"安全生产教育是指采用新工艺、新设备、新技术、新材料、新产品之前进行的新操作方法和新工作岗位的安全生产教育。变更工作类型的操作人员必须接受变换工种岗位安全生产教育，并经考核合格、登记备案后方可上岗工作。

4. 以复工人员为教育对象的安全生产教育。复工人员的安全生产教育是指员工在伤、病好之后恢复工作或长假后重返工作岗位之前的安全生产教育。首先，对于工伤事故后的复工安全生产教育，有必要对已发生的事故进行全面深刻的分析，找出事故的主要原因和预防措施。因此，要对复工者进行安全生产教育、岗位安全操作技能教育等。其次，对于休假后的复工安全生产教育。复工人员因休假而造成精神分散和身体疲惫，复工后复工人员由于意志失控或心境不定而出现不安全行为，从而导致事故。因此，有必要开展复工"收心"教育，即结合复工人员的具体情况，消除其思想上的余波，重温本岗位安全操作规程，熟悉机器和设备的性能，并进行实际操作。

此外，还可以以管理干部、安全专业技术人员和全体职工为对象，根据各自特点开展相关的安全教育活动。

要点提示

1. 为提高公司各级领导和员工的安全意识与法制观念，提高员工安全生产知识和技术能力水平，减少人的失误和不安全行为，应加强安全生产教育。安全生产教育应从安全生产思想教育、安全生产知识教育和安全生产技术教育三个方面入手。

2. 安全生产知识教育主要是为了提高人们的判断和应对能力，使人们能够识别工作中的危险因素，以及如何消除这些危险因素；哪些不应该做，应该怎么做；哪些行为不正确。

案例分析

首先，安全生产思想教育方面，作业负责人赵×及现场作业人员思想认识不够深刻、安全态度不端正。其次，安全生产知识不足，没有确认工作的安全性，本作业过程中人员站在杆塔下横担处与中相线引流线安全距离不足，造成中相引流线对人体放电；临时监护人私自登塔，工作班成员没有及时制止现场违章行为。再有，作业负责人赵×在指定作业票签发人张×作为临时监护人后，未将作业现场交代清楚，并告知工作班成员，随即登上杆塔去查看安装机出现故障的原因。

第二讲　安全激励

×月×日，某送变电公司某项目工程年后复工，项目经理王××详细解读了复工五项基本条件后，重点强调了今年的施工作业现场安全管理工作，并总结了去年施工作业现场的安全管理工作。他说去年我们的安全管理工作做得很好，尤其是施工班组班长李××一直坚守在施工作业现场，并每天准时开展班会，他十分耐心地向施工人员交代"三交、三查"、作业过程风险控制措施等内容，确保每个作业人员的安全意识能够入脑入心，从而让作业人员时刻紧绷安全这根弦，实现了零事故、零伤亡。项目部准备奖励他5000元，希望今年他能够再接再厉，继续保持安全管控水平，继续保持零事故、零伤亡；同时设立安全专项奖，奖励一年中安全管理工作中表现比较优秀的人。同时，项目经理王××为了提高大家的安全知识和安全技能，准备每月定期进行全员安全知识考试，以及安全技能比赛，名列前茅者会得到相应的奖励。

试分析王经理如何进行安全激励，来调动人们满足安全需要和达到安全目标的积极性？

一、安全激励的概念

激励原理是一种根据人的行为规律，通过强化人的动机来激发人的积极性的理论。利用人的心理因素和行为规律来激发人的积极性，增强他们的动力，引导人们的行为，以改进其在安全方面的作用，达到改善安全状况的目的，称为安全激励。也就是使作业人员更加自觉地进行安全行为。

激励措施适用于公司的每个员工，有效的安全激励促使企业领导和职工能在工作和生产操作中重视安全生产。在心理因素方面，可以运用的和需要思考的有动机、需求、情感、意志、性格等；在行为规律方面，可以运用的和需要思考的有个体行为、群体行为、从众行为、对抗行为、反抗性、服从性、长期性和短期性等多方面的行为特征。在应用激励原理时应注意以下几个方面：

1. 激励是存在时效性的，在合适的时间里恰当地激励，有助于将人们的激情推向高潮，使他们能够连续有效地发挥出创造力；相反，过度和长期的激励会使人们反应迟钝和麻木。

2. 人可接受虚拟的激励，如望梅止渴、杯弓蛇影。但是虚拟的激励持续时间不会太长，一旦虚拟破坏或消失，它将不再起作用。

3. 非良性刺激也可以激励个体。屈原被放逐而著《离骚》，司马迁遭宫刑而著《史记》等。但这些并不是常规的激励手段，并不可取。

4. 激励也可应用于负面。激励有害动机和不安全行为等会产生严重的负面效果，甚至会对生产安全和人类安全造成严重的威胁。

5. 适当的反激励也可以起到正激励的作用，并产生有益的影响。例如：激将法、失败是成功之母、惩罚等，但一定要适度。正激励指的是对员工满足期望行为的奖励，负激励指的是对不符合期望行为的惩罚。正、负激励都是必要和有效的。

6. 按需激励，过度的激励不但起不到激励的效果，而且还会产生副效应，以致引起恶劣的后果。当最迫切的需求得到满足时，激励措施是最有效和最强的。

7. 物质激励和精神激励相互结合，物质激励是基础，精神激励是根本，两者相互结合，然后向精神激励过渡，可以被视为一个良好有效的激励过程。

8. 外部激励只有转化为被激励者的自觉意愿，才能取得良好的激励效果。

二、安全激励的理论基础

激励理论是关于如何满足人的各种需求、调动人的积极性的原则和方法的概括与总结。激励理论可以根据形成的时间，以及其所研究侧面的不同，分为内容型激励理论、过程型激励理论和行为改造型激励理论。基于这些理论基础，有必要研究如何进行安全激励，调动人们的积极性，以满足安全需要，实现安全目标。

1. 内容性激励理论

内容性激励理论的重点是研究、激发动机的诱因，主要包括马斯洛（A. Maslow）的"需求层次理论"、赫茨伯格（F. Herzberg）的"双因素理论"。

（1）需求层次理论。人的需求指的是人体某种生理或心理上的不满足感，它是使人行动的动机。一个人在某一时刻最强烈的需求被称为强烈需求，它将产生一种主导动机并直接导致人的行动。美国的心理学家马斯洛将人从低到高的需求概括归纳为七个层次，生理需求、安全需求、社会需求、尊重需求、知识需求、审美需求和自我实现需求。通常，当低层次的需求相对满足时，其上一级需求才能转化为强烈需求。这就是"需求层次理论"。

马斯洛的需求层次理论是国内外许多管理理论的重要基础，对公司安全生产管理具有一定的指导意义。应用时注意以下几点：

①注意对本公司员工需求层次结构的状况调查分析，为安全生产管理提供科学依据；

②根据不同层次的需要，提出相应的安全生产管理措施；

③注意员工需要层次结构的变化，及时调整满足员工需求的管理方法；

④综合考虑员工的安全需求和其他需要，以提升安全生产管理的有效性。

（2）双因素理论。"双因素理论"也称"保健因素——激励因素理论"。该理论认为，管理中的一些措施因素可以消除员工的不满，但是，其工作的积极性不能调动，被称为保健因素，如改善工作环境条件、福利、安全奖励；而能起到激励作用，调动领导和员工的安全积极性和创造性，可选用激励安全需求变"要我安全"为"我要安全"，得到家庭与社会的认可和支持。提出双因素理论是为了满足人的需要的目标或诱因，在实际应用中存在一定的道理。但在某种条件下，保健因素也有激励作用。

与需求层次论相比，保健因素相当于人类需求的较低层次，而激励因素相当于人类需求的较高层次。在公司的安全生产管理中，首先要满足保健因素；在此基础上，再运用激励因素对员工进行安全生产的激励作用。公司安全生产的近期目标和长远发展规划应以不同的形式告知员工，以提高员工对公司安全生产的信心。

2. 过程型激励理论

过程型激励理论关注的是从动机的产生到行动的心理过程。过程激励理论弥补了内容激励理论研究的被激励对象是否满足激励目标的缺陷。主要包括弗隆（V. H. Vroom）的"期望理论"、亚当斯（Stancy J. Adams）的"公平理论"等。

（1）期望理论。这是心理学家弗隆提出的理论。期望理论是一个人的积极性被激发的程度取决于他对目标价值估计的大小，以及实现这一目标概率的乘积，用公式表示为：

激励水平（Motivate）=目标效价（Value）×期望值（Expectation）

在公式中，目标效价是指个人对工作目标、对自身重要性的评估；期望值是主观估计实现目标可能性的大小。也就是说，当目标效价和期望值都很高时，激励值就会相对较高；只要效价和期望值中有一项很小，对目标的激励就很小。对于公司而言，需要的是员工在工作中的绩效；而对于员工来说，关注的是与劳动付出有关的报酬。

期望理论明确指出，公司设置的目标效价及可实现的概率与员工的激励水平密切相关，这对公司采取措施、调动员工积极性具有重要的现实意义。

（2）公平理论。公平理论又称社会比较理论。这是美国行为科学家亚当斯提出的一种激励理论。公平理论关注工资分配的公平性、合理性及其对员工积极性的影响。

在公司安全生产管理中，我们应该关注公平理论中员工安全工作行为动机的激发与员工的公平感之间的关系，防止不公平感给员工带来对安全生产的负面影响。

3. 行为改造理论

行为改造理论的重点是研究激励的目的（即改造和修正行为）。行为改造理论主要包括斯金纳的强化理论和挫折理论。

（1）强化理论。强化理论是由美国心理学家和行为科学家斯金纳等人提出的理论。强化理论是一种基于学习的强化原则，剖析和修正人的行为的学说。强化是指特定行为的肯定或否定的后果（报酬或惩罚），它至少会在某种程度上决定这种行为是否会在未来再次发生。

根据强化的性质与目的，强化分为正强化和负强化。在管理方面，正强化就是为了奖励那些组织所需的行为，从而加强这种行为；负强化是对与组织不相容的行为的惩罚，从而削弱它。正强化的方法包括奖金、成就认可、表扬、改善工作环境和人际关系、安排挑战性工作、给予学习和成长的机会等。负强化的方法包括批评、处分、降级等，有时候，没有奖励或少给奖励也是负强化的方法。强化理论被广泛应用于安全管理中，如安全奖励、事故罚款和公司升级安全指标等。

（2）挫折理论。挫折理论反映的是人的动机行为受到阻碍而不能满足需求的心理状态，并因此而导致的行为表现，努力采取措施将负面性和消极性的行为转化为建设性和积极性行为。挫折的形成是由人的认知与外在刺激之间的不平衡引起的，是一种普遍存在的心理现象，挫折的产生是不以人的主观意志为转移的。挫折感因人而异，即使境遇相同，不同的人对挫折的感受不同，所能承受的打击程度也不同。挫折可以增强个人的心理承受能力，使人警醒，吸取教训，改变策略或目标，并从逆境中重新奋战；然而，挫折也导致人们处于不良心态，产生负面情绪反应，并采取消极的防御措施来应对挫折情况，导致人的不安全的行为反应。

在公司安全生产活动中，要注意挫折问题，并采取下列措施：帮助员工以积极的行为适应挫折，例如合理调整无法实现的行动目标；扭转受到挫折的员工对挫折的认识和评估，以减少挫败感；通过培训提高员工的工作能力和技术水平，提高实现个人目标的可能性，减少挫折的主观因素；改变或消除可能导致员工挫折的工作环境，减少挫折的客观因素；开展心理健康护理和咨询服务，消除或减轻挫折引起的心理压力。

三、安全激励方法的分类

根据安全管理中不同形式的安全激励，安全激励方法可分为以下五类。

1. 经济物质激励。这是常用的一种激励方法。例如：奖励、罚款等将其个人经济物质利益和安全条件联系起来。

2. 刑律激励。刑律激励是一种负强化激励法，不但有惩戒本人，以防止下次再犯的作用，而且还有杀一儆百的反激励作用。

3. 精神心理激励。它是来自宗教信仰、道德价值观、政治理想、情感和荣誉心等方面的激励，这种激励可以在许多方面实现，包括安全竞赛、模拟操作、安全活动、口号刺激等。

4. 环境激励。这是一种从众行为的作用与群体行为的影响。所谓"近朱者赤，近墨者黑"就是这个道理。

5. 自我激励。通过提高自我修养和自我激励实现自我提升。

根据安全行为的激励原理，安全激励方法分为以下两类：

1. 外部激励。外部激励是通过外部力量激起人的安全行为的主动性和积极性，最常见的是用金钱作诱因，设立安全奖、改善员工待遇、安全与职务晋升和奖金挂钩、表扬、记功、开展"安全竞赛"等手段和活动，它们都是通过外部角色激励人的安全行为。此外，严格科学的安全监督、监察、检查也是外部激励的手段。

2. 内部激励。内部激励是通过人的内部力量来引发人的行为，其方法有很多，例如：更新安全知识、安全技能培训、强化观念，培养情感、理想和制定远大的安全目标等。内部激励主要是通过提高员工的安全意识、解决疑难问题、发挥智力潜能、信心来实现自己的抱负。内部激励是提高员工安全生产和劳动保护自觉性行为目标的激励措施。

在很多情况下，外部激励并非基于自觉自愿，内部激励是完全基于自觉自愿，具有更长久的推动力，它使人们能够自我检查、自我引导和自我控制。

从安全管理的角度来看，上述激励形式和方法都是必要的。作为安全管理者，我们应积极创造条件，采用不同形式的安全激励措施，为人们的内部激励创造环境。同时，应该有外部的鼓励和奖励，充分调动每位领导和员工的安全行为的主动性和自觉性。

要点提示

1. 激励是存在时效性的，在合适的时间里恰当地激励，有助于将人们的激情推向高潮，使他们能够连续有效地发挥出创造力；公平理论关注的是工资报酬分配的合理性、公平性，及其对员工生产积极性的影响。

2. 外部激励。外部激励是通过外部力量激起人的安全行为的主动性和积极性，最常见的是用金钱作诱因，设立安全奖、改善员工待遇、安全与职务晋升和奖金挂钩、表扬、记功、开展"安全竞赛"等手段和活动。

3. 内部激励。内部激励是通过人的内部力量来引发人的行为，其方法有很多，例如：更新安全知识、安全技能培训、强化观念，培养情感、理想和制定远大的安全目标等。

案例分析

项目经理王××首先注重安全激励的时效性，把握住激励的时机，促使施工班组班长李××连续有效地发挥出创造力；其次，运用了激励的公平理论，组织全员的安全知识考试及安全技能比赛，名列前茅者会得到相应的奖励。从外部激励上设立安全专项奖、给予李××奖金、表扬、开展"安全竞赛"等活动激励人的安全行为；从内部激励上分析，强调安全管理工作，并建立安全目标，保持零事故、零伤亡，通过考试竞赛等增强员工安全意识、素质、能力等，同时提升员工的安全生产和劳动保护自觉性行为。

第三部分 风险管理能力

☞ **培训目标**

◆ **知识目标**

    1. 了解项目风险管理的定义及流程；

    2. 了解风险的来源、风险评估等。

◆ **能力目标**

    1. 掌握风险识别方法及如何进行风险评估；

    2. 掌握风险应对措施。

第一讲   认知风险

情景案例

星期二下午两点，C市供电公司人力资源部副主任张×接到总经理李×打来的电话，请他到办公室去一下。张主任赶紧放下手头上的工作，向李总的办公室走去。张副主任的心情有些焦虑，由于部门主任赵×参加封闭培训一个月，部门的很多工作暂时要由他承担，这段时间自感十分疲惫，而省公司人力资源部下星期一至星期二来检查工作，更使他焦头烂额。现在李总叫他去办公室，难道又要安排新的工作吗？想到这，张副主任的脚步又沉重了几分，心里暗暗希望李总只是了解工作情况而不是安排新工作。

事与愿违，李总不但安排了新的工作任务，而且时间还很紧迫——下星期五组织一次电改培训。事情的起因是李总上周参加了一个电改研讨会，会上一位专家的发言十分触动他，他认为电改的深化将给公司经营管理的方方面面带来巨大的变化，公司全体员工都应该了解当下的电改形势和未来的发展方向，上下同心应对越来越激烈的市场竞争。李总是位行动力极强的领导，当即决定请这位专家来公司做一次讲座，不但本部的员工要现场听课，县公司和其他办公地点较远的员工也要参加视频会议。下星期五领导班子成员刚好都能参加，时间最为合适。

张副主任领了工作任务，走出李总的办公室，头隐隐作痛。刘丰，李总要求邀请的专家，在发改委任职。近几年他关于电改的观点在业内影响很大，各大媒体、企业争相邀请他参加论坛、研讨会、做讲座，再加上他的本职工作，时间怕是早就排满了，要请到他难度可想而知；更何况时间如此临近，张副主任开始思考如何完成这个艰巨的任务。

案例思考

如果你是张主任，你认为这个任务能如期完成吗？

知识进阶

一、风险的定义及特征

风险的定义是美国人韦伯斯特提出来的，他认为风险是受损失的一种可能，包括质量下降、成本增加以及项目或工作完成的延迟。风险的两个要素是发生的可能性和带来后果的严重性。

风险的两个主要特征是客观性与可转化性。

风险的客观性意味着它不会因为人的意愿而被转移，它是超越人们主观意识的客观存在，而且风险随时随处存在于项目的全寿命周期内。虽然人们希望通过识别风险来控制风险，但到目前为止，只能达到减小频率、减少损失程度，因为人们只能在有限的空间和时间内改变风险存在和发生的条件，而不能也不可能完全消除风险。

风险的可转化性是指在项目实施的过程中，各种风险的质和量都会发生变化。随着项目的进展，一些风险在采取措施后被消除，一些风险发生之后会得到处理，同时新的风险可能产生于项目的每一阶段，如风险后果发生转化或出现新风险等。

二、项目风险管理的定义

项目风险管理指通过风险识别、风险评估等手段确定项目存在的风险及其大小，然后采取相应的管理方法、技术和手段对项目风险实施有效的控制。这样做是为了做好应对规划，妥善处理风险事件引起的不良后果，实现以最少的成本保证项目总体目标的完成。

三、项目风险管理过程

项目风险管理是建立的一种系统过程，从系统的角度来认识和理解项目风险和管理风险。项目风险管理过程是由若干主要阶段组成，这些阶段间可以相互作用，也会与其他管理区互相影响。因此，需要项目风险管理人员的努力，才能完成所有的风险管理阶段。

对于风险管理过程的认识，划分方法是不固定的，可以根据不同的组织或个人进行划分，根据我国项目管理的情况，结合大型高风险项目的实践，本书将项目风险管理过程分为风险管理规划、风险识别、风险评估（定性风险分析、定量风险分析）、风险应对规划、风险监控等五个阶段和环节，并实现对项目风险全过程的动态管理，如图3-1所示。之所以对项目风险管理过程这样划分，是因为：一是符合人们对事物认识的思维规律，要想把项目风险管理工作做好，只有从宏观总体上把握项目风险的总体特征和管理需求；二是符合现代管理要求，管理者要对管理问题做好合理的规划和周密的安排；三是体现了系统管理的理念，该过程实现了对项目风险的全系统生命周期管理，是现代大型工程项目管理的显著特点和根本要求。

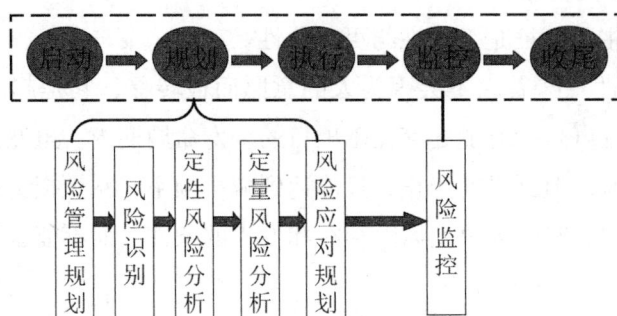

图3-1　项目风险管理过程

要点提示

1. 风险包括质量下降，成本增加以及项目或工作完成的延迟；
2. 风险的特征主要是客观性与可转化性，即风险是无处不在、无时不有的；
3. 风险会随本身或环境的变化而发生改变。

案例分析

根据风险的定义及风险的特征，本案例中风险分析如下：1. 人力资源部副主任张×，暂时承担一些部门主任赵×的工作，赵主任的一些工作张主任可能经验不足；2. 时间紧，任务重，十分疲惫的身体，容易出错；3. 邀请授课的刘专家档期满，授课日期又临近，这加大了协调难度；4. 学员众多，涉及本部员工、县公司及其他办公地点较远的员工，难以保证学员全部到位（现场或视频参加）；5. 临时增加培训项目，学员的食、宿、行，培训设施场地等是否满足需求等风险情况。

第二讲 风险识别与评估

情景案例

通过几位领导和朋友的帮助，张副主任终于与刘丰老师取得了联系，并初步约定了下星期五的讲座时间、内容，唯一有点担心的是刘老师的行程安排。下星期四刘老师在H市参加会议，H市到C市之间有直飞的航班，交通还算便利，但现在是C市的雨季，航班准点率令人担忧。无论如何，能够成功邀请到刘老师，已经非常幸运，张主任暂时放下担心，开始着手其他准备工作。

张主任和培训专工蒋×一起到公司大会议室考察培训场地。蒋×刚刚通过竞聘上岗，原来在运检部从事生产工作，到人力资源部一个月，适应得很好，工作热情也很高，这次培训他要承担主要的实施工作。大会议室能够容纳200余人，是公司最大的会议室。由于以往公司没有举办过人数如此多的培训，所以大会议室只用于开大会，没有作为培训教室使用过。视频会议的设备上星期刚刚使用过，部分远程会场反馈图像很清晰，但是声音小听不清，当时会上没有调试好，会后又调试过，不知道效果如何。会议室的显示屏不大，以往显示会标足够了，但如果用于播放课件，后面几排员工是完全看不清的。

两人正忙着查看会场，张主任接到李总的电话，让他来一下办公室，似乎又有新的工作安排。想到下星期省公司来检查的材料还没准备好，张主任决定将会场的准备工作交给蒋×，自己从李总那出来就直接回办公室继续准备材料。随即向蒋×交代了几句，就向李总的办公室走去。

案例思考

如果你是张主任，请列出所有可能存在的风险，并做一下风险评估。

知识进阶

一、风险识别的定义

项目管理者识别风险来源、明确风险发生的条件、描述风险特征，并评估风险影响的过程就是风险识别。风险识别主要包括三个相关因素，即风险来源（Risk Sources）、风险事件（Risk Events）和风险征兆（Risk Symptoms）。

风险来源是指时间、成本、技术、法律等；对项目产生积极或消极影响的事件就是风险事件；风险征兆又称为触发器，是指实际风险事件的间接表现。

关于三因素中的风险来源，其主要包括时间、成本费用、技术应用、法律法规等方面。涉及可能出现的风险如表3-1所示。

表3-1　风险来源

知识领域	可能出现的风险
范围管理	目标不明确，范围不清，范围控制不恰当
进度管理	错误估算时间，进度安排不合理
成本管理	成本估算错误，资源短缺，成本预算不合理
质量管理	设计、材料和工艺不符合，质量控制不当
采购管理	没有实施的条件或合同条款，物料单价偏高
风险管理	忽略了风险，风险评估错误，风险管理不当
沟通管理	沟通计划编制不合理，冲突管理不完善
人力资源管理	项目组织责任不明确，没有高层管理者支持
整体管理	整体计划不合理，进度、成本、质量协调不当

二、风险识别工具

常用风险识别工具：头脑风暴法、因果图法、系统分解法（如：WBS工具）等，可以通过以上有效的工具来识别和分析判断风险。

（一）头脑风暴法。这种利用集体思维使思想互动产生相互影响，激发创造性思维的方法就是头脑风暴法。头脑风暴法主要收集意见和评估意见。

1. 人员选择。参加头脑风暴会议的人员包括以下专家：风险分析专家、风险管理专家、相关专业领域的专家，还要有逻辑思维能力和总结分析能力强的主持人。主持人应该引导和激励每个参与者分享他们的个人经验和"碰撞"智慧火花。作为主持人，要创造一个和谐开放的会议气氛，注意不能喧宾夺主，要尊重他人并能够忠实地记录，要善于鼓励组员参与。主持人要素质过硬，反应灵敏且具有较高的归纳和总结能力。

2. 明确中心议题，并醒目标注。首先，要确保每位成员都正确理解议题；其次，集中讨论的议题主要有实施该项目时会遇到哪些风险，这些风险的危害程度如何，等等。

3. 轮流发言并记录。无条件接纳任何意见，不加以评论。主持人应尽量用原话记录每个意见，并与发言者核实是否正确。

4. 发言终止。可以重复轮流发言，当所有成员暂时想不出意见时，发言即可停止。

5. 对意见进行评价。组员在轮流发言停止后，他们将一起评价每一条意见，最后要由主持人总结出几条重要结论。

头脑风暴法需要遵守五大原则，最重要的是鼓励激发更多的想法，禁止否定、私下破坏小组创造性研讨的行为。五大原则分别是禁止评论他人构想的好坏；最疯狂的想法有时是最受欢迎的；重量不重质，接纳任何想法；鼓励他人的想法、灵感，可以通过变化、结合起来激发更多；不准私下交流，不打断别人的思维。

头脑风暴法不需要顾虑过多，要相信自己和自己的团队成员，可以通过研讨交流创造出更多、更有价值的思想和信息。顾虑理论可行，实践难行；担心别人难以接受；以前试过行不通；违反制度、政策、法规；担心被人笑话或看低；感觉没有价值或意义；担心没有那么多时间；顾虑大家不会认同和同意；以前就想过，但是没有把握；以后再想，以后再说。

（二）因果图法。因果图法是一个古老的方法，它是一种显示事物内在各种因素、主次关联结构的方法；因果图法有助于从整体考虑，从而发现多种起因，而不局限于个别单一原因；对各项起因的联系一目了然；发现新思路、新想法；利于建立合乎逻辑的方法、方案。

分析要点：

1. 使用头脑风暴法来识别每个层次和类别的所有可能原因或因素。

2. 确保每个元素的描述意思明确、语法简明。

3. 归类并整理各个元素以确定其隶属关系。

4. 分析选取重要因素，但重要原因不宜过多。

5. 尽量找出所有可能的原因，覆盖面尽可能宽而广。

6. 尽量从行动方面着手分析人的原因。

7. 大方面的要点因素一定要用中性词描述，不能主观臆断好坏。

8. 中小方面的要点因素必须使用价值判断，明确好与坏。

9. 小方面的要点因素跟要点因素之间有直接的原因。

10. 小方面的要点因素应分析到位，以便于直接下对策。

示例

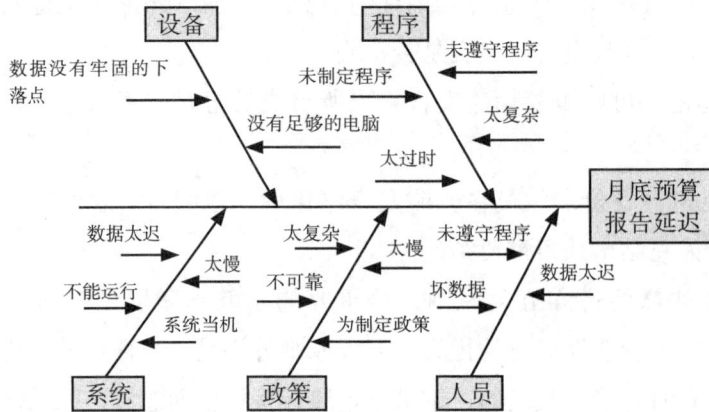

图3-2 因果图法示意图

三、风险识别成果

风险识别成果主要是编制风险登记册。该册列举了已识别的所有风险，以及风险识别过程中获得的相关信息。例如：风险的类别、可能发生的时间、风险的根本原因、触发器（triggers）等。

风险登记册是在分析和识别过程中，对获得的信息进行列举说明。如表3-2示例。

表3-2 ××工程风险登记册

项目级风险	明细分类	模块级风险	明细分类
环境风险	政治风险 经济风险	工程分包风险	工程总价风险 分包工程取价风险 唯一分包商风险 外协份额过大风险 分包商与业主关系暧昧风险 分包商资质风险 分包商管理风险
金融风险	项目付款风险 尾款回收风险 现金流风险 货币贬值风险		
法律风险	司法腐败/保护风险 合同条款模糊风险 合同工期延期罚款风险 第三方请求权风险	外协采购风险	设备供应商风险 配套设备集成风险 配套设备服务风险 配套设备商务风险
网络规划设计（总体方案）风险	传输及路由规划风险 站点规划与赔偿风险 设备新旧或租赁风险 配套设备需求风险	项目管理风险	工程延期风险 项目资源获得风险 合同变更管理风险

四、风险评估

风险评估分为定性分析评估和定量分析评估，是指定项目目标影响的有限度评估和对发生概率影响的数值分析。

风险评估是指通过考虑风险发生的概率和风险发生后对项目目标的影响来进行风险排序，以便于进一步分析与行动。也就是说，要评估已识别风险的优先级。

定性方法是使用诸如"极低""低""中等""高""极高"来描述风险发生的概率，以及风险对目标的影响程度。定量方法是使用概率值或损失量来描述风险发生的概率和风险对目标影响程度，如用概率值来表示对风险发生可能性的高低，用损失量来表示对目标的影响程度。

五、风险坐标图

风险发生的可能性高低及风险对目标的影响程度，作为两个维度绘制在同一个平面上就是风险坐标图，如横轴表示某项目风险发生后对目标的影响程度，则纵轴表示风险发生可能性的高低，此直角坐标系就是该项目的风险坐标图。表3-3列出了某公司项目风险发生的可能性及其相互的对应关系，并列出了定性和定量评估标准，以便于实际操作中参考。

表 3-3 ×× 项目风险列表

定量方法一	评分	1	2	3	4	5
定量方法二	一定时期发生的概率	10% 以下	10%~30%	30%~70%	70%~90%	90% 以上
定性方法	描述一	极低	低	中等	高	极高
	描述二	一般情况下不会发生	极少情况下发生	某些情况下发生	较多情况下发生	常常会发生
	描述三	今后 10 年内发生的可能少于 1 次	今后 5~10 年内发生的可能少于 1 次	今后 2~5 年内发生的可能少于 1 次	今后 1 年内发生的可能少于 1 次	今后 1 年内至少发生 1 次

定性或定量评估后，根据评估结果将发生可能性的高低用纵轴表示，风险对目标影响程度用横轴表示，绘制了风险坐标图。例如：某公司对九种风险进行了定性评估，风险①发生后对目标的影响程度为"极低"，而发生的可能性为"低"；……；风险⑨发生后对目标的影响程度为"高"，而发生的可能性为"极低"，绘制成如图3-2。

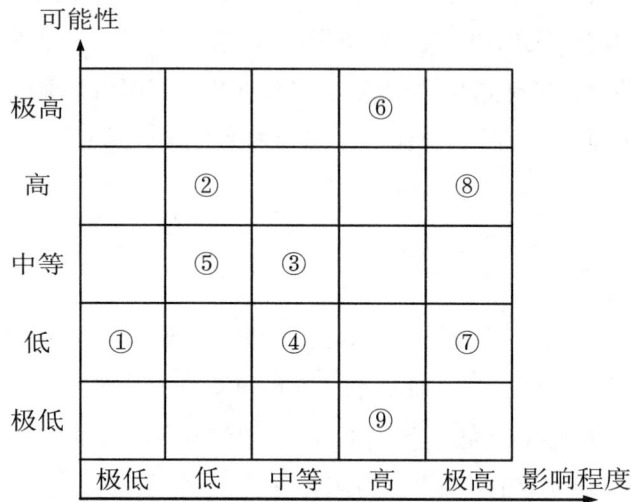

图3-3 ××项目风险坐标示意图

风险坐标图有助于直观地比较多项风险，从而确定各风险管理的优先顺序和处理策略。例如：某公司绘制了如图3-3所示风险坐标图，并将该图划分为A、B、

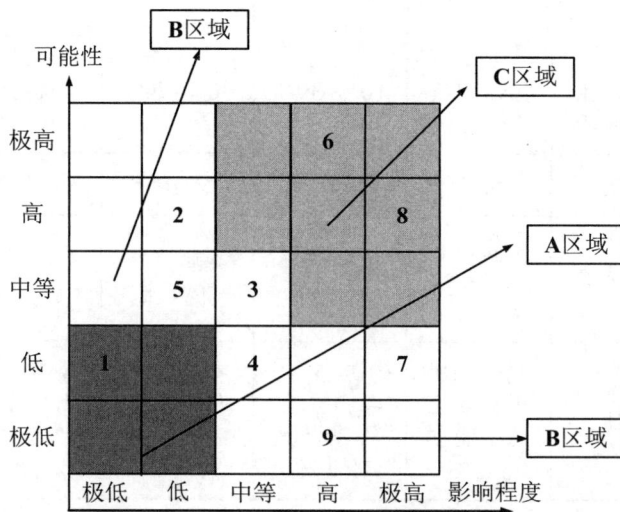

图3-4 利用坐标图进行风险管理

C三个区域，处理如下：A区域中的各项风险可以承担，不再增加控制措施；B区域中的各项风险要严格控制，且制定各项控制措施；C区域的各项风险要规避或转移，且优先安排实施各项防范措施。

要点提示

1. 项目管理者识别风险来源、明确风险发生条件、描述风险特征，并评估风险影响的过程就是风险识别。风险识别主要包括三个相关因素，即风险来源、风险事件和风险征兆。

2. 风险评估分为定性分析和定量分析评估，是指定项目目标影响的有限度评估和对发生概率影响的数值分析。

案例分析

对上述案例进行风险识别与评估，首先，利用头脑风暴法进行风险识别，主要从以下几方面进行，如人的因素、材料因素、管理因素、技术因素、组织与协调因素等；其次，对所有风险进行评估，按照风险大小进行排序。编制风险登记册，参考如下。

表 3-3　电改培训项目风险登记册（一）

风险事件	因素（人的因素、材料因素、管理因素、技术因素、其他因素）	发生的可能性	对目标的影响程度
刘老师的行程安排，无法准点到达（雨季，航班准点率低）	人的因素	中等	高
培训场地的（音响、麦克风、显示屏等）不能满足培训需求	技术因素	中等	高
学员众多，涉及食、宿、行等方面，无法保证	管理因素	高	中等
学员或老师上课期间有突发情况	其他因素	低	低

第三讲　风险应对规划

　　张主任走进李总的办公室，看到办公室主任徐×正坐在门对面的沙发上。李总立即询问下星期五是否能确保刘丰老师到场讲座。原来，下星期五市领导要来公司参观考察，听说刘老师当天在公司的讲座，提出一定要见面交流一下。电改的讲座领导班组不能全体参加了，当天必须要有几位领导陪同市领导，但是讲座的内容也很重要，领导们都不想错过，最好能留下音频资料。刘丰老师和市领导的行程、交流必须与办公室协调好，再与老师和市领导沟通和汇报。李总向张主任和徐主任提了几点要求，张主任随徐主任去他的办公室具体商议了。

　　晚上9点，张主任与徐主任商议妥当，回到办公室准备收拾一下就下班了，想想下星期的工作，虽然压力很大；不过他觉得自己已经做好了周全的准备，希望能够一切顺利。

　　案例思考

　　如果您是张主任，应该做好哪些准备？

　　知识进阶

一、风险应对规划的定义

　　项目风险处置意见和办法就是风险应对。项目风险识别和评估后，综合考虑项目风险概率、损失严重程度等因素，然后与公认的安全指标进行比较，就可确定项目的危险程度，从而决定采取何种措施，这些措施应进行到何种程度。

二、项目风险应对措施

项目风险应对分为两种情况，一种是超出可接受水平，即难以接受；另一种是在可接受水平。

1. 超出可接受时可以采取的措施，包括取消、停止和拯救（这种情况也需要根据具体情况而定）。

2. 项目风险在可接受水平。

①回避风险：可以采用放弃或改变活动的方式来避免导致大量损失的风险。

风险应对的目的是尽可能避免人员、财产、物料、设备等的损失。当项目风险潜在威胁发生可能性太大，不利后果又很严重，并且没有合适策略可用，主动放弃或调整项目目标与行动方案以消除或降低风险的一种策略就是回避风险。

回避风险包括主动预防与完全放弃两种方式。从风险源入手，将风险的来源彻底消除就是主动预防风险。完全放弃风险是回避风险最彻底的办法，但也带来一些问题，例如放弃意味着失去了发展的机会；这意味着消极，不利于组织的未来发展。因此，对风险有充分的了解，在采取回避策略之前应对风险的可能性和后果的严重性有足够的把握。值得注意的是，要在项目活动尚未实施时采取回避策略。

②转移风险：也称分担风险，主要方式有保险、担保、销售、承包和开脱责任合同等。

将风险转移给参与项目的其他人或其他组织是转移风险。因此，转移风险又叫合伙分担风险，其结果不是降低风险发生的可能性和不利后果的严重程度，而是借用合同或协议，将部分损失转移给能够承受或控制项目风险的个人或组织。

采用这种策略所付出的代价大小与风险大小相关。转移风险通常适用于项目资源有限，但无法实行减轻和预防策略，或风险导致损害大、但频率低的项目。

③减轻风险：使发生风险的概率降低（如使用成熟的技术），或者使风险后果的损失减小，或者两者兼而有之。

减轻风险就是通过缓和或预见等方式来降低风险，降低风险可降低风险的概率或降低风险导致的不利后果。存在风险优势时可运用减轻风险的方法，其有效性主要取决于是已知风险、可预测风险还是不可预测风险。

对于已知风险，项目管理组可以使用项目现有的资源，来减轻风险的严重后果和风险的频率。

可预测风险或不可预测风险是项目管理组几乎或根本无法控制的风险，这类有必要采取迂回策略。为了降低这类风险，必须进行深入的调查分析，以减少其不确定性。

④接受风险，又称风险自留，分为主动和被动。当风险发生时，主动接受风险，如启动相应的应急计划，被动接受风险则是没有任何措施。

接受风险也是风险应对的策略之一，它是指有意识地选择接受并承担相应的风险后果。认为自己可以承担相应的损失时，就可以选择这种策略。

接受风险可以是主动的，也可以是被动的。主动接受是在风险管理计划阶段已对一些风险有了相应的准备。因此当风险事件发生时，应急计划可立即执行。被动接受风险是指在风险事件造成的损失不大且不影响项目总体情况时，项目管理组将损失列为项目成本。接受风险是最省事、最省钱的风险规避方法，当采取其他风险规避方法的费用超过风险事件造成的损失时，可以选择接受风险这种策略。

要点提示

1. 项目风险识别和评估后，综合考虑项目风险概率、损失严重程度等因素，然后与公认的安全指标进行比较，可以确定项目的危险程度，从而决定采取何种措施，这些措施应进行到何种程度。

2. 项目风险应对措施主要分两类，一是超出可接受时可以采取的措施，包括取消、停止和拯救。二是项目风险在可接受水平可采取回避风险、转移风险、减轻风险、接受风险。

案例分析

针对上一讲的风险登记册，综合考虑项目风险概率、损失严重程度以及其他因素，从而决定采取何种措施，这些措施应进行到何种程度。

在规划风险应对流程后，风险登记册进一步更新，增加了具体的风险应对负责人、风险发生的征兆。具体参考如下。

表 3-4　电改培训项目风险登记册（二）

风险事件	发生的可能性	对目标的影响程度	触发器/征兆	风险应对策略（回避、转移、减轻、接受）	风险应对措施	负责人
刘老师的行程安排，无法准点到达（雨季，航班准点率低）	中等	高	航班晚点	接受（主动）	增加课前评估、领导讲话等	徐×
培训场地的（音响、麦克风、显示屏等）不能满足培训需求	中等	高	技术无法支持完成	减轻	增加或更换设备	王××
学员众多，涉及食、宿、行等方面，无法保证	高	中等	超出预期人数，无法保证食宿	减轻	错峰就餐	李××
学员或老师上课期间有突发情况	低	低	突然停电	接受（主动）	启动备用发电机	赵××

下 篇

应用写作能力提升

第一部分　公文写作

培训目标

◆知识目标
了解通知、会议纪要、通报三个文种的用途、写作格式以及写作要求。

◆能力目标
掌握通知、会议纪要、通报的写作技巧和注意事项。

第一讲　通知的写作

例文参考

××公司××部关于召开安全生产电视电话会议的通知

公司所属各单位：

为坚决贯彻落实××公司安全生产电视电话会议精神，深入分析公司当前安全生产形势，进一步动员公司广大干部员工，统一思想，集中精力，强化措施，切实加强安全管理，确保公司安全生产稳定局面，确保人身安全和电网安全稳定运行。经研究，定于××月××日召开安全生产电视电话会议。现将有关事项通知如下：

一、会议时间

20××年××月××日15：00—16：00

二、会议地点

会议主会场：公司本部×号会议室。

会议分会场：公司所属各单位。

三、会议议程

（一）××公司发言。

（二）公司××部发言。

（三）公司领导讲话。

四、参会人员

公司本部及公司所属各单位主要负责人、相关分管领导、有关部门负责人。

五、有关要求

1. 公司会议结束后，要求各单位组织召开安全工作分析会，请各单位按照通知要求精心组织统筹安排，确保会议顺利进行。

2. 请参会人员提前15分钟入场，保持好会场秩序。

××公司××部

20××年××月××日

知识进阶

通知在公文写作过程中最为普遍和常见，同时也是用途最为广泛的一种文体。

一、通知的用途

通知可以用来转发上级机关的公文或者是批转下级机关的公文，也可用来转发与本单位不存在隶属关系的相关单位的公文；通知也可用来发布相应的规章制度，任免或者聘用相关干部，传达要求相关部门进行相关事项办理或者需要告知的相关事项等。

二、通知的四大要素

每一类通知都有其特定的写作方式和行文格式。总体上看，大部分通知都具有一个共同的特点，那就是告诉特定的人群，在规定的时间内，在规定的地方，完成一项特定的工作，以及对于该项工作的具体要求。

因此，写通知最重要的就是把主送单位、时间、地点、任务四大要素写清楚。

1. 关于主送单位。主送单位是指被通知者，通常在称呼位置予以注明，例如"××公司"。在这部分经常出现的问题有以下几种：

一是单位名称不规范，有的单位是规范全称，有的单位是规范简称，有的单位是日常称呼。写作者应使用规范全称。如果主送单位较多，全部使用单位全称可能太长，可以使用规范简称。

二是直接主送或抄送领导个人。主送单位一般是发给单位，不发给个人，所以不应把领导个人作为主送单位。

三是主送单位不清楚，以"有关单位"代替。对于主送单位不清晰的通知，在流转过程中很容易出现发放错误的现象。如果是所有单位都要发，用"各单位"；如果只是部分单位需要发，把单位名称写出来，确保文件流转无误。

2. 关于时间。主要是指对于该通知所布置任务的时间节点安排。这是一个很重要的环节。在管理理论中，任何工作如果没有时间约束都是不完整的，也是无法评价考核的。所以在通知中，对于时间节点（特别是任务截止时间）的描述一定要清晰准确。

3. 关于地点。在描述地点时，要从接受通知方的角度出发，把地点写清楚。如果考虑到有些人可能是第一次来到通知地点，就需要把到达通知地点的具体路线写清楚。

4. 关于任务。相对而言，主送单位、时间、地点这三个要素容易讲明白。对于通知中有关任务的描述，要注意以下三点：

一是明确提出工作要求。通知一般是下行文或平行文。也就是说，整个通知的语言风格带有一定的行政命令成分。特别是对于开展某项活动、颁布某项规章的通知，要在通知中讲清楚工作要求，提出工作部署，确保通知事项能够严格执行。

二是简洁明了。一般情况下，人们看通知都是速读，看清楚要点即可。所以，写通知宜简不宜繁。如果遇到几句话说不清楚的事项，可以增加附件，在附件里面详细说明。

三是阐明必要的工作背景。考虑到有些工作是新概念、新事物，在发布通知时，不能简单提要求，还需要把相关的工作背景、基本概念以及工作目的讲清楚。这样基层就能够在理解的基础上执行，而不是简单对付。

三、通知的格式

1.标题。通知的标题，写法有三种：

（1）完全式：发文单位＋事由＋通知。

（2）省略发文单位式：事由＋通知。

（3）只写文种"通知"。

2.主送单位。主送单位即受文对象。

3.正文。以布置工作的通知为例，正文内容可分三部分：

第一部分：引言（说明依据、目的）＋文种承启语（承上启下，启示事项的过渡句子）。

第二部分：主体，即通知的具体内容。如果内容比较复杂，可分条列项陈述。

第三部分：结尾。提出贯彻执行的要求，如"请认真贯彻执行"等。

总的说来，布置工作的通知的写作目的在于布置工作任务，要求下级遵照执行，要说清楚"办什么事""为什么办这些事""怎样办这些事"。

4.落款：签署和日期。

要点提示

1.写通知要把主送单位、时间、地点、任务四大要素讲清楚。

2.标题的写法：发文单位＋事由＋文种。

3.正文的一般写法：依据目的＋文种承启语＋事项＋要求。

第二讲　会议纪要写作

例文参考

关于迎峰度夏电网安全工作会议纪要

20××年××月××日下午，×××同志主持召开×××会议。会议就关于迎峰度夏期间电网安全工作等三项议题进行讨论，现将会议内容纪要如下。

一、关于确保迎峰度夏电网安全工作的汇报

会议听取了××部关于确保迎峰度夏期间电网安全的汇报。经过讨论，会议原则上通过该汇报。会议强调，今年夏季的用电负荷快速增长，度夏形势不容乐观，各单位要高度重视夏季保电工作，进一步加强设备带电检测和运行监控，严格防范各类设备故障，特别要加强对××类型故障的形成机理研究，落实各项治理措施，确保设备安全运行。

二、关于加强公司品牌建设工作的汇报

会议听取了××部关于加强公司品牌建设工作的汇报。经过讨论，会议原则上通过该汇报，并明确以下意见：

1. 要加强对"一报一刊一网站"的管理，对各部门、各单位提出指标要求。

2. 要加强对外宣传工作，力争在各类媒体平台上宣传公司工作和优秀员工先进事迹，进一步提升公司的影响力。

三、关于加强公司同业对标工作的汇报

会议听取了××部关于加强公司同业对标工作的汇报。经过讨论，会议原则上通过该汇报。（略）

××公司

20××年××月××日

会议纪要适用于记载、传达会议情况和议定事项，是贯彻落实会议精神、指导工作、解决问题、交流经验的重要工具，是综合传达会议信息的重要载体。

听会、编写会议纪要的益处在于可以提高归纳总结能力。会议的重要程度越高，参会人员讨论的情况就会越多，需要进行处理归纳的信息量就越大，会议纪要的撰写难度就越大。这就要求会议记录人增强总结归纳能力，准确把握会议精神，留下重要的意见和共识，删除不重要的陈述，最后形成真正反映会议情况的指导性文本材料。

如何写好会议纪要？

一、做好会议记录

写好会议纪要，首先要学会会议记录。许多青年朋友在刚开始做会议记录时，都会感到领导讲话太快了，自己写字速度太慢，跟不上节奏，很多东西记不全。这是很正常的，但是需要尽快改进。改进的方法如下：

第一步，预习会议内容。在参加会议之前，了解相关会议资料、主要任务和讨论要点，那么在会议记录时，你就不会感到陌生，注意力自然就容易集中，记录就会轻松很多。

第二步，准备录音设备。这一步对于初学者来说非常重要。

第三步，抓住说话要点。把握好会议精神实质，要抓住具有决定性权威的发言人的发言，要重点研究他的观点。

小技巧：为了提高会场实时记录的准确性，需要特别关注、重点记录领导讲话中的时间、地点、人物、以及明确的工作举措和任务要求。准确记录有关名词、动词，可以适当忽略形容词、副词。对于有些特定的多次出现的名词、动词可以用自己熟悉的某种符号代替。这样，在会后整理的时候，就可以尽可能地还原会议情况。

二、分步骤写好会议纪要

第一步，准确描述会议的基本情况、会议的精神以及议定的事项。重点包括本次会议的时间、地点、相关人物、会议议程和决议内容。要突出重点，少说废话，直奔主题。

会议纪要的正文一般由三部分组成。

1. 会议概况。交代会议概况，包括会议进行的时间、地点、届次、组织者、出席和列席人员名单、主持人、会议议程和进行情况，以及对会议的总体评价等。

2. 会议的精神和议定事项。主要反映会议的主要精神、讨论意见和议决事项等。写作时要注意紧紧围绕中心议题，把会议的基本精神，特别是会议形成的决定、决议，准确地概述清楚。

3. 结尾部分。一般提出希望和要求。有的会议纪要没有结尾部分，主体内容写完，全文就结束了。

第二步，重复验证书面会议记录的相关内容。由于会议记录是经过处理的文本材料，因此意义可能会发生变化，故重复验证会议记录十分重要。

第三步，请上级审阅。所有会议纪要必须由上级审核才有效。有时，一些重要的会议记录需要得到相关部门的批准才能生效，所以这一步是不可省略的。

第四步，确定发送范围。

第五步，按照固定格式排版。公司的各种特殊会议记录格式相对固定，编制时应遵循标准格式。

要点提示

1. 会议纪要具有整理和提要的基本特点。

2. 会议纪要的正文一般由三部分组成：会议概况＋会议的精神和议定事项＋结尾部分（一般提出希望和要求）。

即时训练

请阅读下文，分析其毛病，并写出修改稿。

××××学会会议纪要

时间：××××年××月××日。

参加人员：常务副会长×××，副会长×××、×××、×××，办公室主任×××、副主任×××，活动中心主任××。

会议内容：

一、确定了学会的办公地点。根据××××年××月××日会议决定，

×××、×××同志对学会办公地点进行了考察，经过比较，认为××大学办公条件优越，适合做学会的办公地点。会议决定，从即日起××××学会迁到××大学，挂牌办公。通信地址：××市××区×××路××号。联系电话：×××××××××。

二、学会与××大学商定，由××大学给学会提供办公室、办公桌椅、电话和必要的办公费用。利用××大学的教学条件，双方共同组织举办秘书培训班等。

三、增补了学会副会长。为便于开展工作，建议增补××为学会副会长，负责学会的后勤保障和日常管理，先开展工作，以后提请×月份常务理事会确认。

四、制定了今年的活动计划。（略）

××××学会

××××年××月××日

第三讲　通报的写作

例文参考

×××公司关于2018年科学技术奖获奖项目的通报

公司所属各单位：

　　根据《×××公司科学技术奖励办法》的规定，经公司科学技术奖奖励评审委员会审议批准，决定对36项成果分别授予×××公司2018年技术发明奖、科技进步奖、科技成果推广应用奖、个人技术创新奖、技术标准创新贡献奖和专利奖。

　　各部门、各单位和全体员工必须向获奖单位和获奖者学习，继续弘扬求真务实、科学创新的科学精神，努力成为技术创新的推动者和实践者，为加快建设具有卓越竞争力的一流能源互联网企业做出更大贡献。

　　特此通报。

附件：

　　1.×××公司2018年技术发明奖

　　2.×××公司2018年科技进步奖

　　3.×××公司2018年科技成果推广应用奖

　　4.×××公司2018年个人技术创新奖

　　5.×××公司2018年技术标准创新贡献奖

　　6.×××公司2018年专利奖

×××公司

20××年××月××日

知识进阶

一、通报的用途

通报适用于表彰先进、批评错误、传达重要精神或者情况。通报属于下行文。

内部简报表扬一般性质的好人好事，批评一般性质的错误。如先进事迹比较典型，错误性质比较严重，就需发通报。告知下级单位某信息或执行某事项一般可用通知，要较大范围地"传达重要精神或者情况"则应发通报。

二、通报的类型

1.表彰性通报：简要介绍典型的行为和善行。

2.批评性通报：来自单位或个人的通知，通常可产生警告效果。

3.情况通报：沟通重要的精神或重要情况，沟通信息，以促进工作通知。

三、通报的结构和写法

（一）标题。标题通常由三个要素构成：发文单位、事由和文种。

（二）正文。

1.表彰性通报的正文内容包括：

（1）描述先进的行为，包括时间、地点、如何做及其结果；

（2）分析和评论先进事迹，指出其典型意义，或总结主要经验；

（3）提出表彰决定；

（4）提出希望和学习号召。

2.批评性通报的正文内容包括：

（1）描述事故或错误事实的经过情况、时间、地点、事故和后果；

（2）分析评估事故，找出事故发生的原因，指出事故的性质及其危害；

（3）提出处分决定；

（4）根据事故的成因进行引申，吸取经验，提出相应的建议。

3.情况通报的正文内容包括：

（1）概括叙述情况；

（2）分析情况；

（3）针对情况提出希望和要求。

（三）落款：写上发文单位和发文时间。

要点提示

1. 撰写通报前要做好调研，核实细节，实事求是，以免发文后被动、失信；

2. 讲究时效性，及时行文，写好对事项的"分析""评议"。

即时训练

根据下面的内容写一篇通报。

××××年××月××日大约晚上7点，××公司青工王××在下班途中，经过××路，看到一名歹徒抢劫一名女子的钱包并逃跑，小王拦截歹徒并抓住他，但被另一个歹徒从背后刺伤，小王大臂受伤，仍然紧紧抓住歹徒。最后，听到这个消息的几位警察和保安人员抓获了两名歹徒。

××公司决定给予王××通报表扬，并发一万元奖金。

第二部分　事务文书写作

☞ 培训目标

◆**知识目标**

　了解并写好领导讲话稿、工作汇报以及信息的基本写法和步骤。

◆**能力目标**

　掌握如何写好领导讲话稿、工作汇报以及信息的写作方法。

第一讲　写好领导讲话稿

提高认识　明确任务　落实责任　开创安全生产工作的新局面
——在公司安全生产工作会议上的讲话
（××××年××月××日）

×××

同志们：

这次电力安全生产工作会议，是在××××的新形势下召开的一次十分重要的会议。××公司党委对开好这次会议非常重视，×月×日，××公司×总主持会议，专门听取了电网安全生产运行情况的汇报，并做了重要指示，对我们开好这次会议具有重要的指导意义。

这次会议的主要任务是：以党的十九大精神为指导，深入贯彻落实党中央、国务院安全生产工作部署，认真贯彻落实全国安全生产工作会议精神，分析当前公司安全生产形势，提高认识，统一思想，明确任务，落实责任，交流经验，研究部署当前和今后一个时期的公司安全生产工作。

一、认真贯彻落实党中央、国务院关于安全生产的一系列指示精神和决策部署，高度重视安全生产工作。

党的十八大以来，习近平总书记对安全生产发表了一系列重要讲话，做出一系列重要指示，深刻阐述了安全生产的重大理论与实践问题。在党的十九大报告中，总书记再次强调要树立安全发展理念，弘扬生命至上、安全第一的思想，健全公共安全体系，完善安全生产责任制，坚决遏制重特大安全事故，提升防灾减灾救灾能力。这些重要论述和指示，对于我们做好各项安全工作具有重大指导意义。我们要认真学习、深刻领会党中央、国务院关于安全生产的一系列指示精神和决策部署，以对党对人民高度负责的精神，高度重视安全生产工作，扎扎实实做好安全生产工作。

二、充分认识当前安全生产工作面临的形势，进一步增强做好安全生产工作的责任感和使命感。

当前，公司生产发展总的形势是好的，公司改革也取得了重要进展。特别需要指出的是：（略）

实践再一次证明，公司所拥有的职工队伍，是一支具有较高综合素质的队伍。在此，我代表公司党委和领导班子，对广大职工在过去一年里，为安全生产所做出的积极努力和贡献，表示崇高的敬意和衷心的感谢。

在充分肯定成绩的同时，我们也要清醒地看到，公司安全生产还面临着一些新情况和新问题。主要表现在：（略）

对当前安全生产存在的问题，我们不能有丝毫的麻痹和侥幸心理。千里之堤，溃于蚁穴。凡事预则立，不预则废。去年，××地区发生××××事故，教训极其深刻，也给我们敲响了警钟。公司虽未发生重大安全事故，但安全隐患依然存在。因此，我们要充分认识安全生产的重要性，不断增强责任感和使命感。我们每位同志都肩负着神圣的使命，责任重于泰山。我们要时刻警钟长鸣，下大力搞好安全生产。

三、进一步明确安全生产工作的指导思想、目标任务，把安全生产的各项措施落到实处。

根据××工作会议精神，结合公司实际，公司安全生产工作的总体要求是：

（略）

安全生产工作的主要目标是：（略）

为了实现以上目标，针对当前公司安全生产的实际，我们要努力做好以下几个方面的工作。

1.始终把安全生产放在一切工作的首位。

把安全生产放在第一位，这是由安全生产的重要性决定的。没有安全，一切都无从谈起。要始终坚持"安全第一，预防为主"的方针。正确处理安全生产与公司发展、安全生产与公司改革、安全生产与公司效益的关系，始终把安全生产工作放在首位。（略）

2.层层落实安全生产责任制。

公司是电网安全生产的责任主体，对所辖范围和本企业的安全生产全面负责。我们要认真落实企业内部安全生产责任制，建立专门的机构，配备必要的人员，把安全生产的各项任务逐一分解，把各项措施层层落实，并且要严明组织纪律，不断提高系统运行的可靠性和公司安全生产的管理水平。

（略）

3. 不断完善公司安全生产规范体系。

长期以来，公司安全生产形成了一套比较科学、比较完整、比较规范的保障体系，也积累了许多行之有效的安全生产的经验和做法，并形成了一系列规章制度。从公司安全生产的实践看，这些法规和规章制度是切合实际、行之有效的，各部门和广大职工要认真贯彻执行。

（略）

同志们，今年公司安全生产工作的任务很重，需要我们切实加强领导，团结一心，共同努力。我们深感任务艰巨，责任重大。让我们在以习近平同志为核心的党中央正确领导下，以对党和人民事业高度负责的态度，发扬公司安全生产的优良传统，依靠公司广大职工的共同努力，求真务实，齐心协力，从严从实从细做好安全生产工作，保障公司和电网高质量发展。

知识进阶

如何写好领导讲话稿？

一、首先要进入写作状态

具体来说，要满足以下几个方面。

一是能加班。写领导讲话，加班是常态。有的时候，领导下班前才布置写作任务，第二天上班就要稿子。秘书似乎都曾遇到过这样的情况。

二是能承受批评。只有正确看待批评，才能真正承受住批评，在反复批评中，不断成长。

三是会自我压力疏导。按照心理学的说法，人在巨大压力下面，往往会表现出其真实的一面，也就是最基本的人性一面。换句话说，如何面对压力是对人的严峻考验。从正面讲，人人常说"变压力为动力"，能不能把压力变动力，关键还是在于正确的压力疏导。这需要智慧，更需要方法。

四是始终怀有希望。写领导讲话稿，不管修改多少遍，一定要有信心。你要坚信你的能力、你的水平。即使修改多遍、即使心力交瘁，也要相信你一定能写好，一定能完成任务。

二、学会正确看待领导讲话

许多没有接触过领导讲话编写的人，大多存在认识上的误区。这也是写好讲话稿的第一道障碍。这里，有几个误区，请大家引以为戒。

一是领导讲话大多是套话，我们是普通员工，听着都费劲，更别说写了。领导讲话稿必定有一些内容是固定格式，而且越是重要的正式会议，讲话的固定模式越明显。由于许多人只看到了文章的固定模式，就想当然地认为领导讲话套话多、内容空洞。这是一种惯性思维在作怪，要写好领导讲话稿，一定要克服这种惯性思维。

二是领导讲话都站得高，我们都是干具体工作的，写不出来。领导讲话站得高，有其客观原因。一般开会部署工作，首先是有关部门发言，最后才是领导讲话。也就是说，在领导讲话之前，有关部门已经把工作部署说完了；领导讲话如果只是就事论事，就和部门发言重复了。领导讲话只能站在一个新的、更高的角度，论述此项工作的重要性了，这样也就出现了大家所谓"站得高"的情况。有的领导讲话是把某项工作放在上级单位的发展战略中去谋划，有的领导讲话是把某项工作放在公司工作全局中去通盘考虑。

三是领导讲话说说而已，会开完了，就过去了。这句话的另一个含义，就是有的领导讲话虚话多，具体工作少。会议结束，就算是完成工作任务了。如果真是这样，只能说明这篇领导讲话稿没有写好。好的领导讲话稿，必定是言之有理的，必定是有工作要求的，工作要求必定是可以达到的、可以考核的。写领导讲话稿，最重要的就是要把领导说的工作要求，用规范的语言原原本本地表述出来，真正起到指导工作的目的。

三、把握领导讲话的最大特点

写领导讲话稿一定要言之有理，有观点。领导讲话稿中最重要的部分，就是形势分析、形势判断、提出工作思路和工作要求。这些内容都是参会人员最想知道的。因此，在写这部分时，一定要有明确的说法、准确的表达、丰富的内涵、可操作的举措。这些东西归纳起来，就是领导的观点。有了观点，就可以列出讲话提纲；有了提纲，就可以充实完善成为一篇讲话稿。

四、知晓领导讲话的基本观点

具体来说，有这么几条途径：

一是熟悉领导以前的讲话。一般情况下，领导的思路是有延续性的。对于某项工作的要求，基本保持不变。因此，熟悉领导以前的讲话对于写好现在的文章有着十分重要的意义。

二是熟悉上级领导对某项工作的要求。各单位都有贯彻落实上级单位决策部署的任务，领导讲话就是贯彻落实的常用载体。我们需要通过领导的讲话，把上级的部署转化为领导的观点和本单位的工作举措。

三是熟悉有关部门和单位的建设性意见和建议。领导讲话并非只是领导个人意见表达，更多的是代表公司对于工作的安排。因此，在写领导讲话稿时，还要多多吸收其他人的好观点、好想法，特别是来自基层的声音。必须多看材料、多听会议、多参加调研，更多地了解基层的情况和经验，才能将基层的东西提炼为领导讲话的观点。学会吸收大家的好意见、好做法，将其转化为领导讲话的丰富内涵，是非常重要的一步。

四是写作者要有自己的思考。多数情况下，领导布置讲稿写作任务时，并不会说的很具体、很全面，最多就是谈几个要点。其他的大部分工作，由写作者完成。写作者要有自己的思考，要紧紧围绕领导的核心观点，想领导之所想，才能写出领导满意的讲稿。

五、如何提高领导讲话稿的高度

以下几种情况，会被认为高度不够：

1. 文章总体语气，没有以领导的口气写，而是以部门、处室的口气去写。

2. 没有与上级领导的要求结合起来。就事说事，没有反映上级领导的工作思路，政治敏感性欠缺。

3. 没有与当前形势结合起来。在提出工作措施时，让读者感到缺乏针对性，没有新意。

改进方法：

1. 要准确把握稿子的目的和意义。在写稿子之前，首先要问自己，为什么要开这个会？通过这篇稿子，领导主要想达到什么目的？是传达上级指示，或是整改目前存在的问题？不管是什么目的，我们必须清楚了解。只有这样，才能把握文章的精髓，才能保证正确的行文口气。

2. 不仅要知其然，还要知其所以然。不仅要了解领导想在大会上说什么，还要了解领导为什么这么说，这很重要。只有这样，才能从根本上避免前面提到的三种情况。

3. 要提高政治敏感性。密切关注上级领导的工作要求，只有清楚了上级的工作要求，才能真正理解领导所布置的工作，才能把话说到点子上。

4. 要关注外部环境变化。在写稿子之前，要把当前的形势考虑进来，这样的文章才能鲜活起来，才能体现高度和针对性。

5. 千万别"高过了头"。我们稿子高度的上限，必须是和公司有直接关系的事情。没有直接关系的事情，说再多也没用。"高过了头"就变成了空谈。

六、务必学会把握领导真实意图

写领导讲话稿与写其他材料最大的不同，在于带有强烈的个人色彩。众所周知，同样的事情，在不同人的眼里，会有不同的看法；不同的看法，会导致不同的结论；不同的结论，会产生不同的应对措施。这就是领导讲话稿风格各异的主要原因。因此，写好领导讲话稿，必须了解领导对工作的基本看法，对事情的基本判断，对下一步工作的基本思路。只有这样，才能用领导最熟悉的语言习惯，把他最想说的话，用标准的书面用语表述出来。

要点提示

1. 领导讲话稿一定要有观点，这些观点就是"文章中的干货"；

2. 写作者只有多听领导讲话，准确了解领导的基本观点、思维模式、语言习惯，才能更好地抓住领导所要表达的核心思想。

即时训练

某公司会议要部署年度电网建设任务，首先，基建部等部门发言，把年度施工计划、开工计划等说了一遍。然后公司领导讲话。请你撰写这篇稿子。

如果你来写这篇讲稿，你就不能重复部门发言已经讲过的内容，必须认真梳理今年电网建设工作的特点和重点，从现有的材料中提炼出今年工程建设的特色和亮点。比如，我们可以从上级机关对工程建设的新要求入手，分析公司工程建设存在的问题，提出努力的方向。还比如，我们可以从今年工程建设的新技术应用多、时间要求紧迫、外协难度大等新特点出发，分析内外部形势。这些都能与部门发言错开角度。

第二讲　写好工作汇报

例文参考

××公司迎峰度夏工作汇报

尊敬的×××、各位领导：

　　入夏以来，气温不断攀升，××电网最大负荷突破1亿千瓦大关，达到××万千瓦，同比增长××%，创历史新高。预计夏季大负荷期间，××电网最大负荷将达到××万千瓦。××电网电力供需整体偏紧，××地区存在平衡缺口，电网迎峰度夏形势严峻。为确保夏季大负荷期间的电网安全运行，××公司超前开展迎峰度夏工作，全面加强电网运行方式分析，集中力量安排设备检修和隐患排查，截至目前，电网保持安全稳定运行，度夏工作呈现平稳态势。下一步，××公司将全力做好以下工作：

　　加快电网建设，确保迎峰度夏工程按期投产。倒排工期，力争在7月底前投运××至××500千伏输电工程，建成××地区500千伏双环网，使电网运行方式更加灵活、可靠。

　　创新管理体制，构建迎峰度夏保电大格局。实施电网调度运行"大值班"模式，加强与××、××的沟通协调，建立24小时保电信息"绿色通道"，形成全面协同、上下联动的工作机制。

　　优化运行方式，保证充足电力供应。密切跟踪负荷变化，做好负荷预测，合理安排电网运行方式，保证××电网××万千瓦旋转备用，满足××地区电力需求。

　　加强风险控制，确保电网安全稳定。密切关注高温、雷雨等天气下的设备运行状态，充分应用直升机巡线、红外测温、三维可视化等先进手段，加强500千伏主网设备的监视监测。

　　加强需求侧管理，提高应急保障能力。公司已制定××地区××轮××万千瓦有序用电方案，确保不限电、不拉路。充分发挥××的快速调节能力，保证××电网的事故备用和事故后快速恢复。

公司将认真落实本次会议精神，精心筹划、狠抓落实，确保迎峰度夏供电万无一失，为××地区经济社会发展做出应有的贡献。

20××年××月××日

知识进阶

如何写好工作汇报？

一、首先要学会站在使用者的角度思考问题

写工作汇报，写作角度是一个重要问题，也是初学者最容易出现的问题之一。工作汇报的写作者，一般都不是工作汇报的发言人。因此，在撰写工作汇报时，要充分考虑工作汇报发言人的身份、角度和语气。

二、努力培养自己的独立见解

站在工作汇报使用者的角度去深入思考，目的是开阔写作思路，能够从整体和全局的角度分析工作；培养自己的独立见解，目的是在众多的素材中，能够识别和分析对工作汇报有用的素材，抽丝剥茧、理出头绪，并进行归纳和提炼，找出可用的关键点，能够用全局的角度来综合考虑问题，找出解决方案。

三、反复沟通，弄清汇报的目的

如果汇报是为了迎接领导的例行检查、巡视。那就必然采用全面工作汇报的写法，突出的是"靓"。为什么是"靓"，而不是"全"呢？因为，如果只是把所有工作都平铺直叙地说一遍，反映不出你们单位（部门）工作特色，上级领导是不会有什么深刻印象的。所以，若要突出强调"靓"，一定要充分展示特色亮点工作，着力宣传取得的成绩。

如果汇报是为了迎接专项检查、调研，那就需要采用专项工作汇报的写法，突出的是"新"。大家好好想想，为什么上级领导要专门来你们单位（部门）检查、调研某项工作，一定是有其独特之处，所以汇报一定要体现创新性、开拓性、时效性，反映这些创新性工作取得了哪些实实在在的成绩，收获了哪些响当当的经验（反映成绩的数据支撑是绝对必要的）。只有这样的汇报，对于上级领导来说，

才有价值，才会满意。

如果汇报是为了解决某个热点难点问题，那就需要突出"实"。大家再想想，上级领导主动来解决问题，就是要了解真实情况，所以对问题的表述，一定要准确、直接；对问题的分析，一定要清楚、有逻辑性；对解决方案的建议，一定要有具体的举措、有可操作性。这才是对工作负责的态度，这才能体现这篇汇报的价值。

四、广泛收集资料、列出写作提纲

当我们明白了汇报的目的、重点以及注意事项之后，我们必须做好两件事：一是收集材料，二是列提纲。这两者可以同时推进。

1. 关于收集资料。

巧妇难为无米之炊。没有基础资料，谁也写不出来文章。一是汇总整理其他部门（单位、处室）发来的资料。二是平时注意留心收集资料。不仅要关注与自己本职工作相关的资料，还要多了解一些国家的新政策、上级公司的新要求、公司领导的新指示、基层单位反映的新问题等。

2. 关于列提纲。

列提纲的好处多多。一是有利于厘清写作思路。通过列提纲，可以把想说的话先记录下来，再按照一定的逻辑关系进行排列重组，让整篇文章立意清晰、论述有力。骨架搭好了，文章的脉络才能清晰。二是有利于分头写作。提纲列好后，可以几个人一起写，大大提高工作效率。三是有利于提高写作者的思维能力。提纲的修改过程，也是双方思路统一的过程、认识统一的过程，也是员工学习领导思维方法、领会领导工作思路的过程。

提纲编制的注意事项。

一要紧扣重点。列提纲的时候，必须始终牢记汇报的目的、重点。在最突出的位置，阐述最重要的观点。把听汇报的人最想听的东西，放在最前面说。这样汇报才有效果。

二要尽可能详细。在列提纲的过程中，要将汇报的几个层次表达清楚。把每个标题要讲述的主要内容列清楚（这样就能看出文章写出来后的初步模样）。

三要讲究逻辑关系。应用写作中，段落之间、句子之间的逻辑关系必须清楚明了。首先，将所有想表达的东西罗列出来，力求全面。其次，对已经罗列出来的要点进行分类汇总。再次，按照重要性、时间顺序、或根据上级领导的检查重点进行排序。最后，要避免重复。

四要注重总结提炼。总结提炼是对文章的升华过程，可以起到"画龙点睛"的神奇效果，同时也能充分展现作者的思维水平。日常工作中，对许多重要数据进行挖掘、分析、归纳、总结，这个过程就是提炼。

五、充实内容、形成第一稿

有了详细的提纲，写正文就方便多了。写正文的基本要求是：紧扣提纲、表述准确。换句话说，就是要把事情按照预先设想的方式说清楚、说透彻，让听汇报的人读得通、看得懂。为了做到这一点，大家可以采用以下方法：

一是在标题处直接点明观点。标题下面的内容全面围绕标题展开，这样就不会跑题，文章就会很紧凑。

二是尽量使用短句，少用从句、复杂句。在工作汇报中，多用简单句，反而容易说清楚。因为，听汇报的人总希望直观明了地获取信息，而不愿意花大量时间，去分析句式、查找重点。

三是保持句式的统一规范。在一个句子里面出现多种句式，是常见的应用文写作错误。特别是在同时论述多项工作措施时，一定要保持句式的统一，切不可一会儿动宾结构、一会儿主谓结构。

四是要注意汇报语气。工作汇报是下级对上级说话，因此要特别重视语气问题。具体来说，就是避免说"我们要……""大家要……"等等命令式用语，而是说"我们将……"等表态式用语。

五是要多用书面用语。为了让大家有个感性认识，这里试举一例。

一天放学回家，小明父亲问小明今天都学了什么呀？

小明有几种回答方式。

回答一：今天我们学了九九乘法表、学了踢球、学了《司马光砸缸》、学了《我们的祖国是花园》、学了……

回答二：今天我们学了数学、体育、语文和音乐。数学课上重点学习了九九乘法表，我现在可以背到6乘6了；体育课主要学习了足球，我现在可以连续带球过3个杆；语文课主要学习了《司马光砸缸》，司马光真是个聪明机智的小朋友，我要向他学习……

回答三：今天我们的学习体现了德智体全面发展的教育思想。在德育方面，我们学习了宋代著名政治家、史学家、散文家司马光少年时期急中生智、砸缸救人的先进事迹；在智育方面，我们学习了九九乘法表，进一步夯实了数学基础；在体育方面，我们重点学习了足球基本技术。目前，我的学习进度完全符合教学大纲要求，部分科目走在了全班同学的前列。

这三种表述方式，就体现了我们写工作汇报的三种风格。

第一种汇报方式是照本宣科，逐个列举，针对性不强。小朋友这样说可以理解，但是对于工作汇报就不行了。第二种汇报方式进行了简单的归纳分类，重点表述的是学习成果，属于工作成绩汇报类型。第三种汇报方式先有总括，再有分说；同时把学习内容、学习意义、学习成效进行了阐述。这样汇报方式属于全面汇报，条理清晰、分门别类，让人能很快产生直观印象。

举此一例，用通俗的方式让大家体会写工作汇报的语境。

六、如何解决材料拼凑问题

首先，还是要回到开始我们所说的心态调整上。千万不要主观排斥，一定要平心静气。然后，加强沟通、虚心请教。当我们遇到令人苦恼的资料时，我们应该虚心求教发给你资料的人，在与他们的谈话中，找到你所需要的答案。最后，要站在稿子使用者的角度，重新梳理所有的材料，并用统一的语言风格对整篇文章进行规范。

七、根据领导意见，进行反复修改

好的文章是改出来的。只有不停地修改完善，我们才能学到真东西。特别是在会议讨论的过程中，大家畅所欲言都是针对工作的建设性意见，写作者能够从中了解到许多文章之外的信息，真实掌握工作情况。

八、完成最终稿

首先，要通读全文。通读全文是成稿前的必要工序，有点类似于工厂流水线上的质量检测工序。好的文章一定是读起来很舒服的。反之，写得不好的文章一定是语句不通、磕磕绊绊、前后矛盾、语句重复、标题与内容不符，总之是读起来很难受。在通读时修改，在修改之后再读，如此反复，方能写好材料；如此反复，方才算尽心尽力。

其次，要统一文章格式。就专业部门而言，写作中往往认为格式不重要，重要的是内容。我的工作重点不在写上，关键是干活怎么样。这些观点只说对了一半。文章格式是直接反映文章专业水平的一个重要指标。不标准、不统一的格式，会让读者直接想到作者是否认真、是否专业。

1. 所有的工作汇报都有明确的目的，有的是全面工作情况介绍，有的是重点工作进展情况介绍，有的是工作建议性质的汇报。不同的汇报目的决定了不同的写法。

2. 通过不同角度的数据分析，发现新情况，提出新思路，就是好的总结提炼。只要是经过用心深入的思考，总结提炼也不是难题。

假如你是××公司党性教育基地的主要建设者，上级单位来调研该基地建设情况，由你来做汇报，你将如何撰写工作汇报。

基地建设基本情况如下：

××公司党校历经近两年时间的调查研究、方案制定、修改、论证和建设才全面建成的。基地建设共分三个阶段：一是调研规划阶段，自20××年××月起，由公司党建部牵头，先后赴××市委党校党性教育基地、中央党校校史馆等调研学习教学内容和展现形式，为基地建设开拓思路，汲取经验。二是文案撰写和基地设计阶段，20××年××月，着手进行基地教学文案的起草工作。教学文案既突出了党性教育，又展现了公司党建工作新要求及党建工作新实践。同时通过实物、实景、实例、实事等多种表现形式，打造体验式、情景式、互动式、研讨式综合教育培训平台。三是基地经费批复和建设阶段，20××年××月，依据相关文件，建设公司党性教育实训基地，经费从公司党组织工作经费中支出。20××年××月××日正式动工建设党性教育实训基地，历时40天建成，投入使用，取得了良好的效果。

第三讲　信息的写作

公司圆满完成联合应急演练暨某区域地震灾害应急救援实战演练

　　××月××日下午，××公司成功举行了联合应急演练暨某区域地震灾害应急救援实战演练，这是由××公司组织开展的首次大规模实战演练。此次演练以电网迎峰度夏为大背景，由联合应急演练、××区域地震灾害应急救援实战演练两部分组成。××公司负责××区域地震灾害应急救援实战演练中水上项目和空中项目的工作。

　　××时××分，演练正式开始。××区域地震灾害应急救援实战演练模拟××区域××地发生7.0级地震后，"水、陆、空"多种应急救援力量协同参与抗震救灾。演练分别在××通航机场、××水库和××应急实训基地同步举行，通过音视频向公司系统各级应急指挥中心直播。地震灾害的应急处置，涵盖了应急响应、组织指挥、直升机空中灾情侦察、冲锋舟驾驶和运输、人员搜救、复杂道路通行、应急照明、应急供电、配电网搭建和后勤保障等项目，演练项目丰富，参演装备多样，演练效果良好。

　　本次演练持续一个多小时，××公司应急救援基干分队由XX超高压公司、××通航公司共50人组成，参加实战演练，××通信管理中心负责演练通信保障工作。公司各单位、各部门精心组织，密切配合，圆满完成了公司交办的演练工作任务。演练结束后，公司的演练工作受到了总部领导的高度肯定。

　　信息，说通俗点，有点类似于内部新闻。在电网企业，长期保持着信息上报的优良传统。这是各级领导了解掌握基层工作情况的重要途径，也是基层单位反映问题、解决问题的一条重要渠道。上报信息是一项重要的基础工作。

一、学习写信息，练好基本功

"信息虽小，五脏俱全"。从信息本身看，具有应用写作的基本要素。别看信息都很短，跟新闻简讯有点类似；但是要写好信息，并不容易。

首先，练习"眼睛"的功夫，提升资讯识别能力。在众多素材中，迅速发现你所需要的各个要点，包括某项工作的目的和意义、某项工作的特色和创新点、解决了什么问题、达到了什么水平等等。当你练到一定境界时，即使是你所不熟悉的专业，你也能够迅速找到你所需要的资讯。

其次，练习"手上"的功夫，提升分析归纳能力。通过不断地加工，把复杂、不容易理解的事情说得清晰、简单、易懂，让读者准确知晓信息的内容和要点。

再次，练习"耳朵"的功夫，提升工作敏感性。也就是要始终保持对新闻、网站、会议、文件、平时交流中所获取信息的高度敏感性。特别是在各类会议期间，一定要认真听听那些没有写在文字材料上的交谈内容，也许在别人看来不经意的某条资讯，却是你苦苦追寻的重要信息。

还有，练习"嘴上"的功夫，提升沟通能力。许多时候，要写好信息都需要找到相关人员沟通，有点类似于新闻采访。通过沟通，寻找那些文字背后的故事，了解事情的真相，这样才能找准写作的切入点。

二、练习"四步走"，写出好信息

第一步，了解信息应该写些什么。

信息，简单理解就是对工作情况的一个反映。主要是反映本单位发生的一系列事件，以及取得的成果和成绩。

一般来说，信息大致可以分为快讯类和综合类两种。

一是快讯类信息，顾名思义，就是快速报道的信息。这类信息主要是针对时效性要求较高的工作。快迅类信息重点阐述工作中在某一时间和地点所发生的事件。写作格式简单，要求文字精炼、直白，正文字数原则上不超过200字。

二是综合类信息。此类信息还可以细分为：分析类（电力运行数据分析，反映宏观经济运行态势）、问题建议类（分析问题，提出建议）、经验类（做法、成效、可借鉴，可做工作交流）。此类信息主要目的是展示工作的主要做法、基本观点，体现各单位、各部门的工作特色、独特视角、思考研究深度、分析判断能力，相对于快讯类信息，要求更高、意义更大些。

第二步，清楚什么样的信息是好信息。

好信息具备几个条件：选题准确、短小精悍、格式规范、上报及时。

关于选题准确，要求信息报道的内容是围绕公司重要工作的，是有价值、能够反映被报道公司的工作业绩的。

关于短小精悍，要求信息尽量做到"文无一句可删，句无一字可除"。信息的特点就是简明扼要，字斟句酌。

关于格式规范，信息的格式十分简单，一般可以采用"1＋X"模式，即开头一小段直接描述时间、地点、事件等最想表达的核心内容，之后可用大段文字对相关背景说明及详细情况展开介绍。

关于上报及时，要求信息编写与报送时效性要强。这一点信息与新闻是类似的，特别是关于应急抢险事件、保电任务以及领导视察等对时效性要求严格的信息，一定要报送及时。

第三步，照葫芦画瓢，练习写信息。

模仿对于初学者来说是一种很好的学习方法，学习写信息也是如此。初学者一定要对公司推广的典型的信息案例进行研究和模仿。多看看上级的信息刊物，耐心总结上级单位信息的规范写法，然后进行模仿，就可以快速掌握写作方法。

第四步，多看、多听、多改。

写文章不能闭门造车，写信息也是一样。要写好信息，就需要多看别人的信息，多听取别人的意见和建议，在不断修改中取得进步。

三、要学会准确抓住信息点

抓住信息点，可以从以下几个层面入手。

首先是党中央、国务院，以及各大部委关注的重点工作。其次是公司部署工作的贯彻落实情况。最后是本单位特色、亮点工作。

四、在平凡的岗位上寻找不平凡的信息

有时基层一线的同志会说："我们平时的工作很普通，也没有什么惊天动地的事，你说我们能报什么信息呢？"解决这个问题的关键还是要跳出自身工作，从整个公司、整个行业的角度审视我们的工作。换个角度，你会发现完全不同的风景。正所谓"不识庐山真面目，只缘身在此山中"。

▌ 要点提示

1. 信息就是把工作用最简单明了的方式说清楚，要突出工作的重点、亮点、特点。

2. 在日常平凡的工作中，不断地提出问题、解决问题，就是挖掘信息的过程。在回答问题、总结规律的过程中，一条条有价值的信息也就诞生了。

▌ 即时训练

如果你是信息员，你会怎么组织《××公司组织开展首次大规模实战演练提升电网应急能力》这篇信息呢？

××公司组织开展首次大规模实战演练提升电网应急能力

××月××日下午，××公司举行了联合应急演练暨某区域地震灾害应急救援实战演练。此次演练以电网迎峰度夏为大背景，模拟某区域某地发生7.0级地震，"水、陆、空"多种应急救援力量协同参与抗震救灾。演练分别在某通航机场、北京某水库和通州某应急实训基地同步举行，通过音视频向国网公司系统各级应急指挥中心直播。地震灾害的应急处置，涵盖了应急响应、组织指挥、直升机空中灾情侦察、冲锋舟驾驶和运输、人员搜救、复杂道路通行、应急照明、应急供电、配电网搭建和后勤保障等项目。演练持续一个多小时，全方位、多视角展现重大灾害应急处置过程。某公司各单位、各部门精心组织，密切配合，圆满完成了国网公司交办的演练工作任务，检验了应急救援基干分队应急技能水平，展示公司应急体系建设取得的成效。

提示：

第一步，找准信息点。哪些内容是重要的，是必须说的。先用笔画出来。

第二步，把这些信息点按照重要性、时间顺序等逻辑关系进行重新编排。

第三步，重新组织语言，删繁就简，把所有信息点整合成一篇完整信息。

第四步，通读全文，确保无差错。

第三部分　如何提升应用文写作能力

第一讲　应用写作要有良好的心态

"态度决定一切"，写公文更是如此。没有好的心态是写不出好的文章的，好的心态是应用写作能力提升的第一步。

一、千万不要主观排斥

提升应用写作能力，首先要做的就是不要主观排斥，要换一种心态。写好应用文更容易被领导发现、被提拔重用。历史数据可以证明，应用写作能力强的员工，其提拔晋升的概率明显高于平均水平。

二、一定要平心静气

写应用文一定要心平气和。其实，写应用文第一稿往往可以平心静气，但是修改第二稿的时候，心情就难免会有些波动，等到第三稿、第四稿的时候，烦躁情绪会随着修改次数的增加而同步增强。平心静气就是针对这种情况说的。如果过不了这关，修改文章不仅痛苦，而且效果不佳，最后费力还不讨好，得不偿失。而真正的收获往往就在那最后的坚持，等到经历数次挫败后，最终得到肯定，才是你真正突破自我的收获。

三、要能够承受别人的批评

应用写作，听取别人批评，不断修改，这是情理之中的事情。从另一个角度看，听取别人修改建议，不断对文章修改完善的过程是一个自我成长、经验积淀的过程。在这一过程中，写作者对公司的相关工作有了更深一步的了解和掌握。好的文章也都是经过千锤百炼修改出来的，所以写作者要虚心接受别人的批评，经过多次反复的修改和锤炼，文章和自身素质都会得到大幅提升。

四、要多听会议、多看文件、多问问题

据不完全统计，应用写作高手用在阅读和思考的时间能占到八成，实际用来写的时间只占到两成。而普通的写作者时间占用比例正好相反，用两成的时间阅读和思考，用八成的时间不断修改。由此可见，平时多听会议、多看文件、多问问题，多掌握各类信息是多么重要和必要。

五、努力在枯燥的写作中寻找快乐

应用写作是件苦差事，这是普遍公认的事实。在这件苦差事中，干得时间越长，越需要做好自我心理调整，努力保持良好的状态，才能经受住这艰巨的考验。最好的办法，是在写作的过程中寻找快乐。

首先，那是经历了磨难后看到的成功喜悦。写作的过程是艰辛的，不断地接受批评、不断地修改，经常加班加点。也正是因为这样，写作者最能感受"梅花香自苦寒来"的涵义。其次，那是帮助他人取得成功的满足。应用文最重要的作用是解决实际问题。如果写好了，就能促进问题的解决。再次，那是不断挑战自己极限的愉悦。应用写作的过程，是自我挑战的过程。在不断地挑战中，能够明显感受到自己承受压力的能力在增强、自己的极限在提升。当你遇到其他急难险重任务时，就不那么紧张和害怕了。最后，那是感到自己不断丰富强大起来的欣慰。应用写作练习能够让你在短时间内迅速提升各种综合能力，这种感觉非常明显。随着日积月累的锻炼，你会感到自己在不断地成长，特别是在思考问题、归纳总结、建言献策等方面，效果非常明显。

第二讲　初学者如何快速上手

对于许多刚入职的青年人来说，最痛苦的事莫过于应用写作。在公司团委组织的调查问卷中，约有48.57%的青年人选择应用写作作为需要尽快提升的能力，名列所有需要提升的能力之首。但是，如何尽快提升应用写作能力呢？

一直以来我们都在尝试各种方法，希望能够破解这一难题，包括编写应用写作教材、开展培训讲座、安排其他部门年轻人在秘书处实地学习等等。应该说，收到了不错的效果。但是，新的问题是，我们需要提升应用写作能力的人是如此之多，而目前能够提供的培训又是如此有限。

我们该怎么办呢？答案就两个字：背诵！

一、背诵的作用

对于刚刚进入职场的青年朋友而言，在应用写作领域，也就是"小学生"。面对的是完全陌生的工作、完全陌生的工作流程、规章制度、领导要求，总之是需要学习的东西太多了。即使看再多的教材、听再多的讲座，都比不过自己背诵来得记忆深刻。

二、怎么背才最有效

当我们坚定了背诵的信心和决心时，剩下来的工作就是寻找正确的背诵方法。

1. 寻找经典文章背诵

从管理学的角度看，背诵经典，就是树立一个学习的标杆。我们就是要以经典文章为样本，在背诵中熟悉各个专业的基本概念、掌握工作的流程和方法、了解工作的要点和领导的要求，以及常用的固定搭配、行文逻辑，等等。

哪里能够找到经典呢？

一是公司领导的年度工作报告。这样的工作报告都是经过很多专家反复推敲斟酌过的，每句话、每个词、每个提法都是表述准确、逻辑清晰、经得起检验的。二是公司的专业工作要点。上级专业部门部署的工作，往往都是硬任务，必须牢记在心。三是大家公认的好文章。在老领导、老专家、老同志的心目中，总会有一些历经多年，仍然感觉不错的文章，这些经过时间考验的文章，就是我们要认真学习的好文章。

2. 掌握正确的背诵方法

我们的目的，是要通过文字，熟悉工作，掌握写作方法。

第一步，我们要先梳理文章，把文章的提纲梳理出来，先记住提纲。古人云："纲举目张"。只有把提纲搞清楚了，我们才能把握住整个文章的脉络。也就是说，我们不仅要看到树干，还要看清楚树枝、树杈。

第二步，在背诵中熟悉工作。作为一个初学者，肯定会在背诵时，遇到各种各样的新概念、新提法、新要求，这就需要青年朋友们主动向前辈们请教，只有带着问题背诵，才能真正收到效果。

如果文章的确很长，我们可以分章节背诵。例如：先背第一部分的工作总结，再背第二部分的形势任务，最后背第三部分的下一步工作部署。如果还觉得长的话，可以再分得细一点。只要背下来就行，怎么分章节背，可以因人而异。

第三讲　公文写作常见问题及改进方法

一、长句子的通顺问题

表现形式：有些句子想表达的意思过多，而且采用的是"主句＋从句"的模式，导致读者念起来非常拗口，不容易理解其意思。

分析：没有真正站在公文的受众角度去考虑问题。

改进：多说短句，少说长句。如果一定要用长句子，那么应该采用结构简单的并列句或排比句。

二、文章的逻辑关系问题

表现形式：文章中，段落之间、句子之间的逻辑关系不强。有的是在说该工作意义的地方，大谈工作要求；有的是一件事情翻来覆去地说，前后严重重复，逻辑关系混乱。

分析：写作的时候，想到哪里就写到哪里，没有进行整体思考。

改进：写文章应该分步走。第一步，是将所有想表达的东西罗列出来，力求全面；第二步，是对已经罗列出来的要点进行分类汇总；第三步，列出提纲；第四步，检查审视这些标题之间逻辑关系是否清楚，以及标题与内容之间是否匹配；第五步，充实完善相关内容。

三、"二传手"问题

表现形式：许多同志在写材料的时候，喜欢照抄照搬别人的材料或是过去的材料。当出现表述不准、前后矛盾等问题时，有的人会解释说："这是专业部门提供的，我没办法知道对不对，所以我没有责任。"

分析：这种现象还是比较普遍的。我们承认许多工作专业性很强，需要有关部门提供基础材料，但这不是我们放弃独立思考的理由，也不是我们推卸责任的借口。只要是我们负责汇编的材料，我们就有义务了解这些工作的全貌，就有责任保证材料的准确性，就应该主动找相关人员了解情况。

改进：首先，要始终坚持独立思考。对待别人提供的材料，要保持着质疑的态度。其次，要不怕请教。利用写材料的机会，不耻上问、不耻下问，真正把一些不明白的问题搞清楚。

四、多用简单句，少用复杂句，保持句式的统一简洁

许多作者都喜欢用复杂的从句，导致一个句子里面出现多种句式结构。越复杂多变的句式，越容易让人迷惑；越是简单句式，越容易看明白、说清楚。毕竟，读者在阅读时，总希望直观明了地获取信息，而不愿意花大量时间去分析句式、查找重点。

改进：一般情况下，尽量将句式统一为"动词＋宾语"的格式。在句子结尾描述工作成果时，才用"主语＋谓语""主语＋主语补足语"的格式。

五、"介词＋宾语"的使用方法

公文写作中的介宾短语有着较为固定的用法。一般情况下，介宾短语在句首位置，介宾短语往往以并列句方式出现，介宾短语的主要作用是说明某项工作的思路、方法等。

六、关于省略主语问题

我们在写公文，特别是工作总结或汇报的时候，经常会遇到整整一大段话，没有主语。这是正常情况。缺少的主语就是汇报者本身，所以省略了"我们"或者"公司"。省略是为了让公文看起来简洁明了，同时也便于使用"动词＋宾语"的排比结构。

七、关于语气问题

初学者在语气问题上经常会出现混乱的情况，一会儿第一人称、一会儿第三人称；一会儿是上级对下级的口气，一会儿是下级对上级的口气。

请记住一个基本原则：始终保持第一人称的角度，以署名者的角度去论述。

在叙述下一步工作的时候，我们如果是以下级身份向上级汇报时，千万不要写"要……，要……，要……"。这样的语气是上级对下级时才能用的。

八、关于公文"核心"的问题

戏剧有"戏核"，文章也有"文核"。每一篇公文都有其核心思想，那么我

们写文章时，如何阐述核心思想呢？

首先，作者本身要准确清楚地知道公文所要表达的核心思想，切不可"以其昏昏，使人昭昭"，必须是"以其昭昭，使人昭昭"。这也是许多初学者常犯的错误，在自己还没搞清楚事情来龙去脉的时候，就匆忙下笔写公文。

其次，作者要通过合理的谋篇布局把核心思想引出来，让听者也能感受到公文的核心思想。这是个难点，也是创新点，主要考验着作者的逻辑思维和总结归纳能力。例如：写一篇反映问题的汇报材料，我们肯定不能一开篇就说问题，这样会让人感到很生硬，听者也觉得难堪；这时，就需要先讲工作成绩、再讲形势发展变化等，最后把问题引出来。这种写作方式，与中国传统文化中委婉含蓄的性格有关。

九、一句话里面出现前后重复的问题

比如：为进一步转变机关作风，更好地服务基层工作，近期公司组织开展了以"三提九比"为主要内容的创先争优"金牌服务"竞赛活动，努力创建以服务基层为重点的服务型机关。

分析："服务基层"出现了两遍，最后一句话里面"服务"出现了两遍，前后重复明显。

修改：为进一步转变机关作风，更好地服务基层工作，近期公司组织开展了以"三提九比"为主要内容的创先争优"金牌服务"竞赛活动，努力争创服务型机关。

附　录

应用文有关术语注释（按音序排列）

B

1. 颁布：即公布，如政府公布（发表）法令条例等。

2. 颁发：指上级对下级发布（命令、指示等）或授予（奖状、文凭）。

3. 颁行：颁布施行。

4. 备查：供查考。备，有准备提供之意。

5. 备考：供参考。

6. 备注：有两种使用方法：（1）作名词用，意指表格上为了附加必要的注解说明而留下的一栏，叫"备注栏"；（2）指在"备注栏"内所加的注解说明。

C

7. 参照：参考并仿照（某种办法、经验等），如"务希参照执行"。

8. 查收：指检查后收下，多用于"书信"和"条据"中。

9. 出席：本义是出现在席位上，引申为参加会议，出席者有发言权和表决权。

10. 此据：以这（个）作为凭据，常用于"条据""证明书"等应用文的结束语中。

11. 此致：即给予。表示把某种东西由此方交给彼方。"此致"后面应换行顶格书写收信人或单位的名称。如："此致××同志"、"此致××科（处）"等。

12. 存查：保存起来以备查考，多在批阅公文时使用，如"某某处存查"。

D

13. 当局：特指政府、党派、学校中的领导者，如"政府当局""学校当局"。当，指当权。

14. 典礼：制度和礼仪。后指某些隆重的仪式，如"阅兵典礼""毕业典礼"。在"典礼"之后不应再加"大会"等字样。

15. 点收：接收货物或财产时一件一件地清点收下，如"请按清单点收"。

16. 调拨：调动拨付（多指某种物资）。如调拨款项，多用"划拨"。

17. 吊丧：到丧家祭奠死者。

18. 吊唁：祭奠死者并慰问家属。

19. 定案：对案件、方案等所做的最后决定。

F

20. 烦交：烦劳（你）交给，表示一种带敬意的请托。

21. 讣告：作名词用，意指报丧的通知（文书）。

22. 讣闻：即讣告，是向亲友报丧的书面通知。后面多附有死者生平事略和祭葬时日。

G

23. 诰：古代上对下的一种训诫勉励的文书。

24. 告白：机关、团体或个人对公众发表的书面声明（或启事）。

25. 阁下：旧时对别人的尊称，也常用于书信中。

26. 赓即：继续，接着就。如"赓即照办"。

27. 恭候：即恭敬地等候。

28. 光临：称宾客来临的敬辞，谓宾客来临给主人以光荣。

H

29. 海报：面向四海而告之，意即让大家知道，现在指戏剧、电影等演出或球赛活动的张贴。

30. 行款：书写或排印文字的行列款式。

31. 核准：审核之后加以批准。

32. 后记：又称为"跋"，指写在书籍（或文章）后面的短文，用以说明写作目的、经过或补充个别内容。

33. 惠存：请求对方保存（某种纪念品）的敬称。

34. 惠临：敬称对方到自己这里来，如"前日惠临，有失迎迓歉甚"。"惠"字在这里有恩赐之意，是有所求于人的词。

35. 获悉：得到消息从而知道某件事情。悉，知道。

J

36. 亟待：急迫地等待。

37. 即席：当座、当场（在集会或宴会上），如"即席赋诗"。即，"就"之意。

38. 嘉奖：表彰奖励。

39. 缄：封，常用于信封的发信单位名称或个人姓名的后面，如"上海××学校××缄"。

40. 鉴于：意指觉察到、考虑到，常用于表示关系的偏句中，前面一段不加主语，如"鉴于这个问题……"。鉴，铜镜，引申为儆戒或教训。

41. 届时：到时候（时间）。届，到。

42. 晋级：即提升等级。晋，升。

43. 就绪：指把事情安排妥当，如"此事已经就绪，希勿挂念"。就，趋于，归于。绪，丝头，引申为条理。

44. 就职：指正式到达工作岗位，担任某种职务（多指较高的职务）。

45. 钧鉴：旧时写信中用作对长辈或上级的敬词，常用于写信的开头，如"××钧鉴"。钧，古时三十斤为一"钧"，引申为尊贵之意。鉴，明察。

46. 钧启：旧时多用在写给尊长或上级的书信的信封上，写在收信人后面。启，"开拆"之意。

K

47. 恳请：诚恳地邀请或请求，多用于书信或请帖中，如"恳请届时出席"等。

L

48. 莅临：到来，光临，多用于邀请贵宾的请帖（请柬）中。

49. 列席：参加（会议）而无表决权。

50. 落款：在书画、书信、礼品等上面题写上款和下款。上款，指在上面（或右面）的题字；下款，指在下面（或左面）的题字。

M

51. 面洽：当面接洽，如"此事与来人面洽"。洽，商量，交换意见。

52. 明鉴：是对别人的观察、欣赏等行为的敬称之词。类似的词语尚有"雅鉴""大鉴""钧鉴""惠鉴"等。

P

53. 批示：上级对下级有所指示时，用于书面表示的意见。

Q

54. 签发：由主管人审核同意后签上名字，正式发出（公文、征件等）。签，动词，书写名字。

55. 签署：指在重要文件上正式签字。署，题写名字。

56. 乔迁：旧时用以比喻别人搬迁到好地方去住或提升官职（多用于祝贺）。

57. 切切：表示再三告诫之意，常用于政府布告结尾处。如"切切此布"，意思是必须遵守，不得违反。

58. 顷悉：指不久以前知道（或刚才知道）某件事或某个消息。顷，短时间，有"不久、方才"之意。

S

59. 丧礼：指有关丧事的礼节。

60. 擅自：对不在自己职权范围内的事情自作主张。

61. 申明：郑重说明。申，陈述，表达。

62. 声明：有两种用法。（1）作动词用，指公开表示态度或说明真相；（2）作名词用，指声明的文告。声，宣称。

63. 事宜：关于事情的安排、处理，大都用于公文、法令中。

64. 收讫、付讫、验讫：指某件事情已经完结。讫，完毕，终了。

65. 手札：特指亲笔写的信。札，本为古时写字用的小木片，后用以代指书信。

T

66. 弹劾：检举揭发其罪状。

67. 特此：特别在这里，常用在动词前面，加强语气，表示行为的重要性。如"特此证明""特此请假"等。

68. 为荷：指承受对方恩惠，甚为感激。

69. 晤：见面。

X

70. 膝下：旧时给父母或祖父母书信时加在开头称呼的后面，以示尊敬，如"父（母）亲大人膝下"。

71. 笑纳：请人收下礼物的客套话，多用于写信中。

72. 谢忱：感谢的心意，真诚的感谢，多用于书信中。

73. 信：按照惯用格式把要说的事情用书面表达出来给指定对象看的文字叫"信"。古代无"信"之名，往往用"书""简""笺""札""素""牍""尺牍""尺书"等名称来代替。

74. 幸甚：书信中对某件事表示有希望，很可庆。甚，副词，极，很，补充说明形容词"幸"的程度。

Y

75. 雅正：常用于书画题款上的客套话，意谓对方高雅，请其指正。

76. 业经：已经，多用于公文中，如"业经调查属实"。

77. 业已：已经，多用于公文中，如"业已准备就绪"。

78. 一体：一律，如"一体知照""一体照办"。

79. 一应：一切，如"一应俱全"（一切都准备齐全了）。

Z

80. 招贴：贴在街头或公共场所以达到宣传目的的文字、书画等。

81. 知悉：知道，如"来信知悉"。

82. 致以：致，动词，给予。以，介词，用，把。"致以"的意思是"把……给予（对方）"，后面接用表示礼节性的词语，并要换行顶格书写。如"致以敬礼"，"致以亲切的问候"。

83. 兹：这里（指示代词），常与其他动词组成固定用语，如"兹有""兹定于""兹证明"等。

84. 咨文：旧时用于同级（平行）机关的公文。

参考文献

[1] 樊登.可复制的领导力：樊登的9堂商业课[M].北京：中信出版社，2018.

[2] 俞敏洪.永不言败[M].群言出版社，2011.

[3] 沃伦·本尼斯.领导者（纪念版）[M].杭州：浙江人民出版社，2016.

[4] 亚历克斯·弗格森.领导力（哈佛商学院领导力荣誉课程；曼联功勋教练弗格森38年管理心得）[M].北京：中国友谊出版公司，2017.

[5] 唐兴华.领导力18法则[M].沈阳：辽海出版社，2018.

[6] 潘鹏.唤醒你的领导力：打造高绩效团队的秘密[M].人民邮电出版社，2018.

[7] 戴安娜·布赫.领导力的36个关键[M].北京：北京联合出版公司，2018.

[8] 张振学.领导力18项修炼[M].北京：九州出版社，2017.

[9] 约翰·C.麦克斯维尔.中层领导力：西点军校和哈佛大学共同讲授的领导力教程（自我修行篇）[M].北京：北京时代华文书局，

[10] 未然.危机领导力[M].北京：中国商业出版社，2015.

[11] 未然.卓越领导力法则[M].北京：中国商业出版社，2015.

[12] 刘建军.领导学原理：科学与艺术（第2版）[M].上海：复旦大学出版社，2013.

[13] 丁杰.领导科学[M].华中科技大学出版社，2003.

[14] 丁子平.组织愿景教育[M].阳光出版社，2012.

[15] 毛建民.管理者提升领导能力的途径研究[J].财经界，2013（26）.

[16] 洪旭亚.建立共同愿景塑造企业灵魂——试论树立企业与员工共同愿景的重要性[J].人力资源管理（学术版），2009（7）.

[17] 斯格特·坎贝尔，艾伦·赛密尔克.领导力[M].北京：华文出版社，2009.

[18] 周昌武.企业"一把手"如何打造核心领导力[J].企业管理，2012（7）.

[19] 林光辉.管人三绝 新主管必备的三种能力[M].北京：中国华侨出版社，2002.

[20] 曲连波.全方位决策技能应用与提升[M].北京：中国时代经济出版社，2002.

[21] 梁建成. 领导艺术十大经典（6）：决策拍板艺术[M]. 长春：吉林摄影出版社，2004.

[22] 沈远新. 现代领导行政能力测评与提升[M]. 北京：中共中央党校出版社，2004.

[23] 刘强，彭洪峰. 公关经理MBA强化教程[M]. 北京：中国经济出版社，2002.

[24] 郑一群. 德鲁克的管理秘诀[M]. 长沙：湖南科学技术出版社，2011.

[25] 罗宾斯. 管理学[M]. 北京：人民大学出版社出版，2009.

[26] 包迪鸿，徐力. 组织行为学[M]. 杭州：浙江人民出版社，2016.

[27] 张燕妮. LN电力设计院团队建设管理改进研究[D]. 大连理工大学，2016.

[28] 贝尔宾. 团队角色：在工作中的应用[M]. 北京：机械工业出版社，2017.

[29] 爱德华·德博诺. 六顶思考帽[M]. 北京：中信出版集团，2016.

[30] 王莹. 需求决定管理—浅谈职场中90后群体的管理问题与解决[J]. 科学时代，2014（16）.

[31] 魏洁. 年轻主管用人宝典 娴熟管人的86个细节[M]. 哈尔滨：哈尔滨出版社，2005.

[32] 和仁，霍黎. 团队八维[M]. 北京：华艺出版社，2005.

[33] 刘晓婷. 基于需求层次理论的工程造价咨询企业人力资源管理研究[D]. 南京工业大学，2013.

[34] 田水承，景国勋. 安全管理学[M]. 北京：机械工业出版社，2009.

[35] 栗继祖. 安全心理学[M]. 北京：中国劳动社会保障出版社，2007.

[36] 沈建明. 项目风险管理[M]. 2版. 北京：机械工业出版社，2010.

[37] 黄学农. 电网企业安全管理人员培训教材[M]. 北京：电子工业出版社，2014.

[38] 孟燕华，孙贵磊，胡广霞. 职工工作安全通用教材[M]. 北京：中国工人出版社，2016.

[39] 栗继祖. 安全行为学[M]. 北京：机械工业出版社，2008.

[40] 李孜军. 企业安全管理知识问答[M]. 北京：中国劳动社会保障出版社，2004.

[41] 李树刚. 安全科学原理[M]. 西安：西北工业大学出版社，2008.

[42] 吴吉义. 软件项目管理理论与案例分析[M]. 北京：中国电力出版社，2007.

[43] 都国雄，金榜. 管理学基础[M]. 南京：东南大学出版社，2012.

[44] 《超值典藏书系》丛书编委会. 沟通的艺术[M]. 长春：吉林出版集团有限责任公司，2012.

[45] 范博仲[M].北京：人民邮电出版社，2014.

[46] 王玉卓. 从沟通过程看有效沟通[J].现代企业教育，2011，（18）：193–194.

[47] 王鹏. 高效沟通[M].成都：四川文艺出版社，2018.

[48] 陈建伟. 职场沟通学[M].北京：民主与建设出版社，2016.

[49] 张丽娜，张凤梅. 沟通协调能力[M].北京：人民出版社，2005.

[50] 胡雅萍. 有话好好说：沟通与协调实用方法和技巧[M].北京：经济管理出版社，2016.

[51] 于慎之. 领导干部沟通协调能力塑造与提升[M].北京：红旗出版社，2011.

[52] 田水承，景国勋. 安全管理学[M].北京：机械工业出版社，2009.

[53] 黄冠华. 办公室秘书公文写作方法探究[J].赤子，2019，（18）：219.

[54] 董发来. 常用公文写作提要（上、下）[J].天津人大，2019，（2）：40–43. DOI：10.3969/j.issn.1674–6570.2019.02.025.

[55] 岳海翔. 最新公文写作培训教程 [M].北京：中国文史出版社，2017.

[56] 曾跃林. 现代公文写作 [M].重庆：西南师范大学出版社，2013.

[57] 刘宏彬. 新编应用文写作教程 [M].北京：新华出版社，2016.

[58] 谭臻. 公文写作一本通：电力企业公文写作实用手册[M].北京：中国电力出版社，2014.

[59] 胡进. 电力应用文写作实用指南[M].北京：中国水利水电出版社，2007.

[60] 孙海涛. 如何有效提高公文写作水平[J].区域治理，2019，（8）：298. DOI：10.3969/j.issn.2096–4595.2019.08.269.

[61] 孙哲勇.谈机关干部如何提高公文写作素养[J].才智，2019，（16）：248.

[62] 刘文娟.公文写作相关问题的分析[J].百科论坛电子杂志，2018，（24）：595.

[63] 万志红. 如何有效提高公文写作水平[J].办公室业务，2018，（22）：8. DOI：10.3969/j.issn.1004–647X.2018.22.006.

[64] 王云.试论公文写作方法与技巧[J].当代教育实践与教学研究（电子刊），2018，（11）.

[65] 徐云飞.公文写作需做到"五个结合"[J].秘书之友，2019，（5）：28–29.

[66] 李彬.常见公文的正文写作结构模式[J].魅力中国，2018，（41）：292.

[67] 周潮光.浅议怎样成就公文写作的大手笔[J].企业文化（中旬刊），2018，（11）：220–221.

[68] 李彬.机关公文写作能力提升[J].北方文学（下旬刊），2018，（9）：163.